マルチアングル戦術図解

野球の戦い方

正しいセオリーを理解して「投手対打者」を制する

高見泰範 元東芝監督

JN033229

はじめに

　野球人口が減ってきている現在においてもなお、高校野球には絶大な人気があります。では、その良さはいったい何か。一般的には「若者が手を抜かずに精一杯プレーしている姿が魅力的だ」などと言われています。ただ実は大学野球だって社会人野球だってプロ野球だって、選手たちは手を抜かずにプレーをしているのです。ところがパフォーマンスのレベルが上がっている分だけ、現実的にそういう部分が見えづらい。淡々とプレーしていることが、逆に「手を抜いている」と思われてしまうこともあります。そして、野球には「指導者の指示通りに動く」「周りにやらされる」というイメージも強い。だからこそ、野球そのものの魅力が伝わりにくくなっているのかもしれません。

　野球の競技としての魅力をもう一度見つめ直し、どうすれば活性化しながら継続できるのか。私も含めて、野球関係者はそこをもっと考えなければならないのではないかと思っています。実際のところ、今は少しずつ「指導者が動かす野球」の時代から「選手が自ら考えて動く野球」の時代へと移行しているような印象があります。選手主体で考えていくことはもちろん、素晴らしいことだと思います。ただし、その一方で現場からは「最近の野球は単純になった」という声もよく聞こえてきます。「投げた」「打った」「捕った」「走った」という結果の部分ばかりが注目され、その裏にどういう心理が隠されていたとか、あの場面はこういう考え方をするべきだったとか、そういった戦略・戦術の駆け引き

や細かい技術の部分は見落とされがち。しかし野球というのは本来、間が多くて「考えるスポーツ」なのです。「ＩＤ野球」を浸透させた野村克也さん（元南海・ヤクルト・阪神・楽天監督）などのように、野球の奥深さを伝えられる人材がどんどん出てこなければ、それに続く指導者や選手の考え方の部分が育っていかない。考え方が廃っていけば当然、技術もちゃんと身につかず、野球のレベルがどんどん衰退してしまうかもしれません。

　そもそも野球の基本的なルールは昔から大きく変わっていないわけですから、考え方の部分も進化していなければおかしい。たとえばボール１つを打つにしても、どういう意識で打てばいいのか、この場面は何をしたらいいのか、何をしてはいけないのか…。そうやって意識の部分を突き詰めていくと、野球がもっと広がっていくと思います。

　そして、最も大事なのは「上手くなりたい」という気持ち。練習や試合を経験するから上手くなり、上手くなるとプレーが楽しくなり、さらに上手くなりたいと思うからこそもっと練習を積んで試合で力を発揮しようとする。これがスポーツの面白さだと思います。

　本書では「考える」という部分に焦点を当てて、野球の考え方のベースを紹介していきます。それを通して、野球というスポーツの魅力を感じてもらえれば幸いです。

高見泰範

CONTENTS

第1章　頭に入れておきたい基本事項

第2章　打者を打ち取る

第3章　投手を攻略する

第4章　さまざまな状況判断

本書の使い方

本書では、野球の戦術を３Ｄグラフィックによる図を用いてわかりやすく示している。攻撃、守備の戦術、配球、シチュエーションをさまざまな角度・視点からマルチアングル（多角的に）解説しており、より直感的に理解することができる。第１章では頭に入れておきたい基本的な考え方、第２章では打者を打ち取るための戦術、第３章では投手を攻略するための戦術、第４章ではさまざまな状況における戦術を紹介している。目的に応じて活用しよう。

タイトル

習得する戦術の内容・名称が一目でわかる

３Dグラフィック図

３Ｄグラフィックを用いた図で戦術を解説。選手がボールの動きを矢印で示しており、説明文を読むことでさらに理解を深められる。

打球 ―――――――→ （赤矢印）

投球・守備の動き ―――――→ （青矢印）

point of view

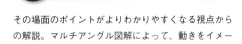

その場面のポイントがよりわかりやすくなる視点からの解説。マルチアングル図解によって、動きをイメージしやすくなる

選手

打者・走者・攻撃側の選手（赤）

投手・捕手・守備側の選手（青）

第 1 章

頭に入れておきたい
基本事項

01 正しいストライクゾーンを知る

▶ 平面ではなく立体的な空間をイメージしよう

　野球のルール上、ストライクゾーンは「打者の肩の上部とユニフォームのズボンの上部との中間点に引いた水平のラインを上限とし、ヒザ頭の下部のラインを下限とする本塁上の空間をいう（**図1**）。このストライクゾーンは打者が投球を打つための姿勢で決定されるべきである」（引用：公認野球規則）と定められている。これを踏まえ、実際には審判の裁量によって、打者が自然体で打ちにいったときに「この球は打てるゾーンだ」と判断される球が「ストライク」とコールされるものだ。

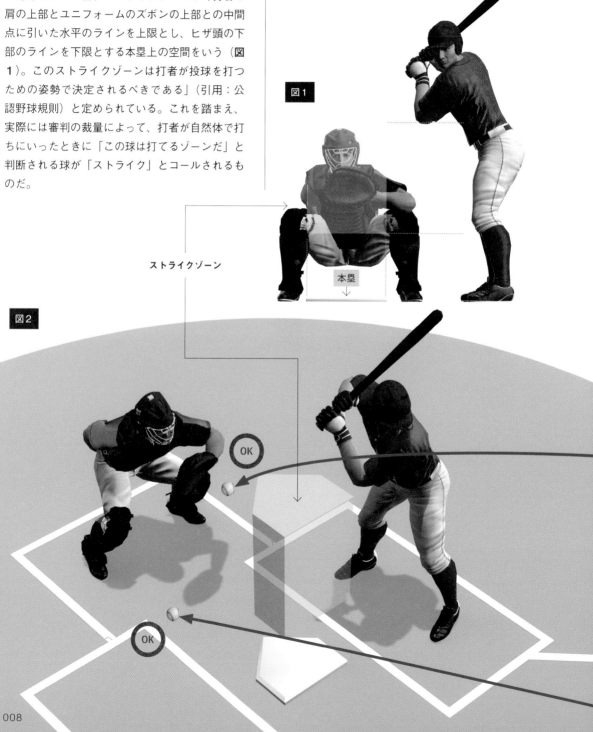

図1

ストライクゾーン

本塁

図2

OK

OK

野球の戦い方を考える上ではまず、この「ストライクゾーン」を正しく理解すること。どうしても平面でイメージしてしまうケースが多いが、本塁ベースの形を底面とした五角柱が空間に浮いている姿をイメージし、立体的に考えられるかどうかが非常に重要である。投手はこの五角柱に少しでも触れる球を投げれば良いのであって、コースとしては本塁ベースの一角を通過すればどんな軌道でもストライクになる。また、とてつもなく高い球でも、最終的に落ちてきて上の底面の奥の角に触れればギリギリ高めのストライク。最終的に捕手の捕球位置が低くても、下の底面の手前の一辺に少しでも触れればギリギリ低めのストライクとなるのだ（図2）。

バッテリーは、どういう軌道の球でこのストライクゾーンを通過させて打者にどこを振らせるか。逆に打者であれば、いかに立体的なストライクゾーンをイメージして球を見極めていくか。そこが大きなポイントだ。

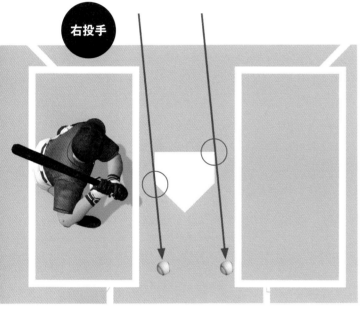

右投手

Point

角度をつけてギリギリの
コースを狙う（右投手）

　投手はマウンドから本塁へ真っすぐ投げるものだと思われがちだが、実際のところ、右投げの場合はリリースポイントがマウンドの中心よりも三塁側に位置することになる。コースで言うと「本塁ベースの一角を通過すればストライク」なのだから、三塁寄りの位置から本塁へ向かっていく斜めの角度を最大限に活用すればより打ちにくい球になる。具体的には、右打者の外角に対してはベース手前の角、右打者の内角に対してはベース奥の角をかすめていくのが良い。

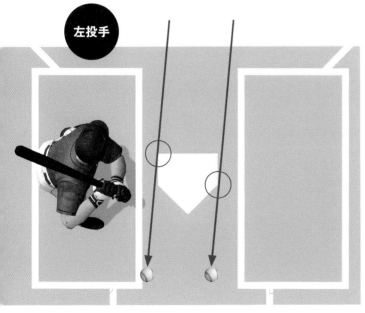

左投手

Point

角度をつけてギリギリの
コースを狙う（左投手）

　左投げの場合は、リリースポイントがマウンドの中心よりも一塁側に位置することになる。左投手が打ちにくいとされる要因の一つとしては、各打者が普段から右投手に慣れているため、この角度の差にすぐ対応できないという点が大いに考えられる。一塁寄りの位置から本塁へ向かっていく斜めの角度を最大限に活用するためには、右打者の外角に対してはベース奥の角、右打者の内角に対してはベース手前の角をかすめていくのが良い。

右投手

check

右投手の投球軌道の
空間イメージ

　打者というのは自分の視覚の中でストライクゾーンの感覚を持っている。そして、そのゾーンに入ってきた球は「ストライクだ」と判断して打ちにいき、そこから外れる球は「ボール球だ」と判断して諦めるものだ。イメージとしては右投手の場合、三塁寄りのリリースポイントからストライクゾーンの四隅（五角柱で言うと投手寄りの側面）にそれぞれ線を結び、その立体的なボックスの範囲内に収まるかどうかを考える。逆にバッテリーは、このボックスを踏まえて内外の差（コース）、上下の差（高低）、前後の差（奥行き）を利用することが大切になる。

左投手

check

左投手の投球軌道の
空間イメージ

　左投手の場合に打者がイメージするのは、一塁寄りのリリースポイントからストライクゾーンの四隅に向かってそれぞれ線を結ぶことでできる立体的なボックス。ただ投手の左右にかかわらず、これはあくまでもストライクゾーンへ真っすぐ向かってくる球（直球）を前提としたゾーン。だからこそ直球とは軌道の違う変化球も有効だ。バッテリーは先述の3つ（コース、高低、奥行き）に加え、この範囲から外れたところから入ってくる球、この範囲内で動く球、この範囲内にいながら最後に外れていく球など、打者にどういう軌道を見せるかも考えていくとより打ち取りやすくなる。

02 投手対打者の勝負の基本

▶ 勝負が決まる３つの基本パターン

力が伝わる
ポイント

力が伝わるポイントで
とらえれば打者優位

打者というのは力を出せるポイントが人それぞれで違うもの。いい打者は投球に対して体やバットの距離感が常に一定であり、自分のタイミングで打つことができる。究極の理想は何も想定していなくてもすべての球種、すべてのスピード、すべてのコースに対応できること。もちろん現実にはなかなか難しく、だからある程度の予測を立てて狙い球を絞ることもあるわけだが、打者はまず力の伝わるポイントでしっかりとらえられるかどうかの勝負になる。

打者が差し込まれて
詰まれば投手優位

プロの打者などは自分の体勢が崩されてもしっかり打ち返せるような練習を積んでおり、力の伝わるポイント以外にも打てるポイントを多く持っている。また、アマチュアでも感覚的な部分でいわゆる“ツボ”を持っていて、ヘッドスピードが一番速くなるところ以外でとらえたほうがヒットになりやすいという打者もいる。ただ、基本的には打者の体勢や距離感を崩していけば凡打になる可能性は高い。したがってバッテリーからすれば、まずは速い球（直球）で押せるかどうか。打者が差し込まれて詰まるようなら、バッテリーが優位に立てる。

打者が泳いで
引っ掛ければ投手優位

打者の体勢や距離感を崩すという意味ではもう１つ、打者が遅い球（変化球）に対して泳いで引っ掛けるというパターンもある。こちらも、粘りながら片手でホームランにされたりヒットゾーンに運ばれたりすることもあるが、基本的にはバッテリー優位で凡打になるケースが多い。逆に打者からすれば、いかに“死に体”にならずに粘ることができるか。最終的に球をとらえるときにバットの力が生きていれば、力強い打球を飛ばすことができる。その場合はバッテリーが崩し切れなかったということになる。

03 配球を考える① 状況重視

● ケースを考えて攻める

配球というのは、バッテリーが打者を打ち取るために駆使するさまざまな投球の組み立て方のこと。打者の攻め方としては基本的に「状況重視」、「投手重視」、「打者重視」の３つの考え方があり、さまざまな場面に応じてその都度、どれが良いのかを選択していくのが基本。そこに加えて、あえて確率の悪いほうを選ぶ「経験＆感性重視」も必要なときがある。

まず「状況重視」だが、これは各ケースを考えて攻めること。たとえば試合開始直後の初球であれば、無死走者なしのカウント０−０。したがって初球の考え方のセオリー（P16参照）に則って攻め、１球投げたときの打者の反応の結果を見て２球目を選択していけばいい。また一死一塁、走者は足が速くて走塁も巧いのであれば、盗塁やエ

ンドランなどを警戒して「より走りにくいように」とクイックモーションで直球主体にする。あるいは二死二塁、強く引っ張るタイプの左打者が打席に入ったのであれば、ヒットになってもまだ本塁生還を防ぎやすい左方向に打たせるため、外角低めの厳しいコースを中心に攻める。もちろん、「三振が欲しい」「内野ゴロでゲッツーが取りたい」「凡フライを打たせたい」など、各ケースにおける最高の結果を目指す必要もある。さらには序盤・中盤・終盤なのか、大きくリードして点差に余裕があるのか、接戦で絶対に１点も与えられないのか、大量ビハインドで開き直りたいのかなど、試合の展開も加味して投げる球を選択していく。こうした考え方が「状況重視」だ。

| 相手 | ０ ０ ０ ０ |
| 自分 | ０ １ ０ ０ |

B
S
O

5回表、１点リードで一死一・三塁の２ボール１ストライク。ヒットで１点は仕方ないとしても、一塁走者を返して逆転というのは絶対に避けたいから、長打警戒で低めを攻めるのが前提だな。最高なのはゲッツー。バッティングカウントだから、やや甘めの球は打ってくるだろうな。じゃあ一塁走者の盗塁も警戒しつつ、手を出してくれそうな変化球で内野ゴロに打ち取ろう…。

04 配球を考える② 投手重視

▶ 投手の良さを引き出す

先発投手をできるだけ長く投げさせるというのは、捕手にとって大きな仕事の1つ。良い投手を長く投げさせるほど失点をしにくいのは当然のことで、ましてアマチュアでトーナメント戦を勝ち上がることを考えたら、後半での疲労軽減も考えてできるだけ球数を減らしたい。したがって先発投手が序盤や中盤で捕まってKO、あるいは厳しいコースを攻めすぎてムダな四死球連発というのは避けたいところ。となると、その投手の良い球を中心に組み立てて「最終的にこの球で打たれたら相手の力が上なのだから仕方ない」と割り切って攻めることが多くなる。これが「投手重視」の考え方だ。

自信のある球をたくさん投げていればもちろん、試合は投手優位にリズム良く進んでいきやすく、ストライク先行だから相手も早めに打ちにきて球数も減らせる。この「投手重視」を中心にしながら、要所で「打者重視」と「状況重視」も使い分け、「最終的には1点差でも何でも勝てばいいんだ」と考えておくのが最も理想的だろう。

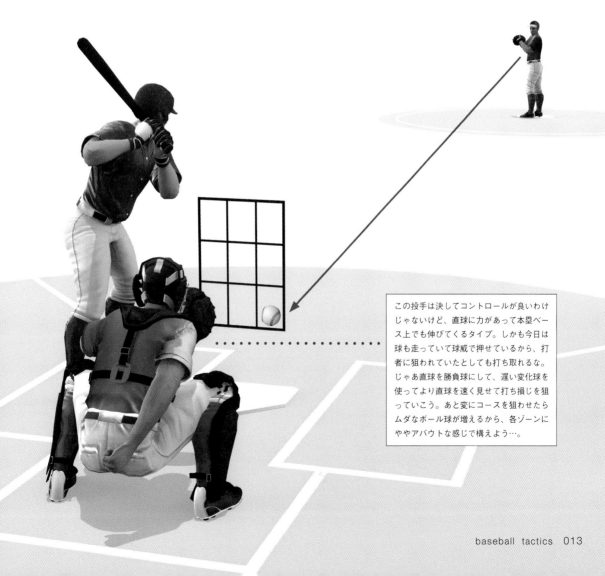

この投手は決してコントロールが良いわけじゃないけど、直球に力があって本塁ベース上でも伸びてくるタイプ。しかも今日は球も走っていて球威で押せているから、打者に狙われていたとしても打ち取れるな。じゃあ直球を勝負球にして、遅い変化球を使ってより直球を速く見せて打ち損じを狙っていこう。あと変にコースを狙わせたらムダなボール球が増えるから、各ゾーンにややアバウトな感じで構えよう…。

05 配球を考える③ 打者重視

▶ 打者の弱点を突く

各打者のそれまでのデータや試合当日の傾向、癖や仕草などから弱点を導き出し、そこを突いていく。これが「打者重視」の考え方だ。ただし、打者の弱点を突くということは見逃すケースも増えるもので、必然的に球数は増えていきやすい。また同じところばかり攻めていると、打撃スタイルを変えてくるタイプの打者であればきっちりと学習して、あえてそこを狙ってくることもある。当然ながら打ち取れる確率は減ってしまうわけで、そうならないように要所を見極めた上で「打者重視」の投球を選択することが大事になる。したがって、これまでの3つの中で最も難しい方法でもある。

弱点がどこかというのは、たとえばデータとしてケース別やカウント別などで各コース、各球種の打率を分析すれば数字で明らかになる。また、過去の映像や実際の試合などで打席に立つ姿を見て動きを細かく観察していれば、スイングの特徴もつかめてくる。それらの情報を踏まえ、試合では1球ずつ打者がどんな反応を見せているのかを読み取りながら攻めていくことが大切。そして、マウンドにいる投手が得意とする球と苦手とする球を頭に入れた上で、天秤に掛けて上回るのであれば弱点を突いていく。

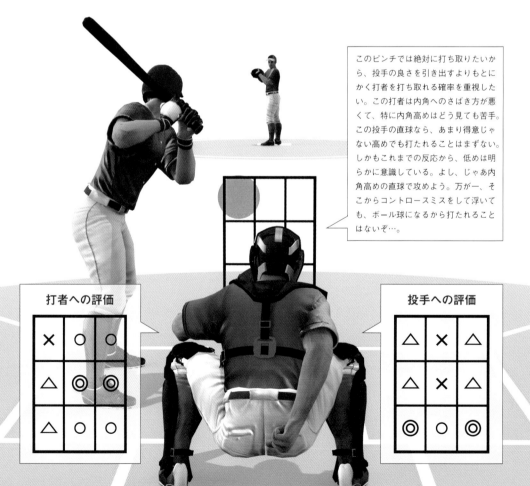

06 配球を考える④ 経験＆感性重視

▶ **打者の反応を加味しながら
あえて確率の悪いほうを選択する**

配球を考える上では「状況重視」「投手重視」「打者重視」の３つの考え方をいかに使い分けていくかが問われるが、いずれの場合においても、常に確率が高いほうを選択すれば良いというわけではない。自分の経験や感性に基づいてパッと浮かび上がるひらめき、いわゆる"第六感"もまた重要だ。

たとえば「打者重視」にしても、打者の弱点を突くことが完璧にできるのであれば高い確率で抑えられるが、それも100％ではない。打者の苦手なゾーンの打率が１割でも10回に１回は打たれるものだし、得意なゾーンが打率３割でも逆に７割は抑えられるということ。しかも打者が弱点を自覚して苦手なゾーンをあらかじめ狙っていたとしたら、打率は瞬間的に２割台に上がっているかもしれない。むしろ意識が薄れた得意なゾーンで

の打率が２割台に落ち、得意なゾーンで勝負したほうが良い可能性だってある。通常ならば確率が低くても、ときにはそちらを勝負球として使わなければならないケースもあるのだ。

こうした打者の意識の変化を感じ取るためにも、捕手が常に打者の仕草や傾向などを観察しておくことが大切。たった１球のファウルを見ても「狙って打ち損じたからタイミングが合っただけで、狙われていなければまだ大丈夫」なのか、「だんだんタイミングが合ってきたからこの球は危険」なのか。「窮屈そうに打っているから嫌がっているな」なのか、「今はタイミングを崩されて少し泳いだけどこの球を続けるのは危険」なのか。そうやって考える習慣をつけておくことで、いざ試合になったときに"第六感"がはたらく。

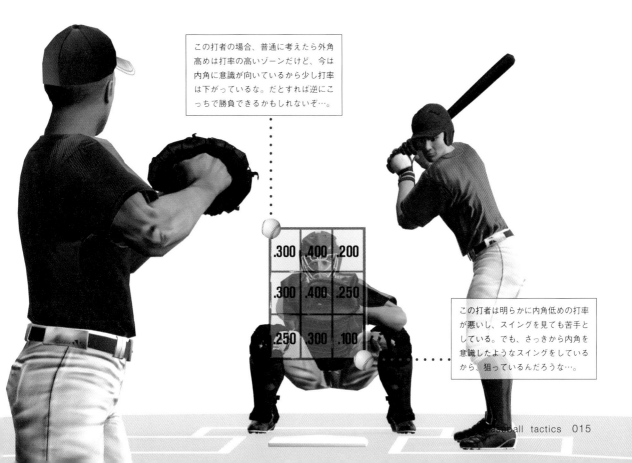

この打者の場合、普通に考えたら外角高めは打率の高いゾーンだけど、今は内角に意識が向いているから少し打率は下がっているな。だとすれば逆にこっちで勝負できるかもしれないぞ…。

.300　.400　.200
.300　.400　.250
.250　.300　.100

この打者は明らかに内角低めの打率が悪いし、スイングを見ても苦手としている。でも、さっきから内角を意識したようなスイングをしているから、狙っているんだろうな…。

▶ 慎重に攻めるか、大胆に攻めるかを考える

ここからは12パターンあるボールカウント別の心理を考えていこう。まずは0ボール0ストライク。つまり、各打者への初球だ。

初球のセオリーとして、バッテリーは何をしてほしくないかを考えると良い。たとえば「初球から打たれるのが嫌」なのであれば慎重に考え、あえてボール球から入って打者の動きを探るか、もしくは打たれても長打のリスクが少なく内野ゴロになりやすい球を選択する。前者であればストライクになりにくいほうが良いわけだから、その投手にとって一番コントロールの悪い球が良いだろう。ここでコントロールしやすい球を選択すると、投手が思わずストライクを投げてしまう可能性もある。逆に後者の場合は、その投手にとって一番

コントロールの良い球を選択すると良い。最も制球ミスが少なく、捕手が要求した通りの球になりやすいからだ。

一方、単純に打者を打ち取ることを考えたらストライクを先行したほうが確率も高くなるため、逆に「初球を打たれても構わないから大胆な攻め方で積極的に勝負していきたい」という考え方もある。その場合はその投手がストライクを取りやすい球であり、なおかつ最も自信のある球を選択すると良い。そうすれば打者も振る回数が増えるため、必然的に球数を減らすことができる。もしくは打者の狙いを推測し、頭の中にはないだろうと考えられる球種を選択するのも良い。

■ 0ボール0ストライク（初球）

初回の先頭打者への初球の場合、捕手は1球投げ終わったところで投手や打者の雰囲気や様子がどう変わったのかを見る必要がある。試合が開始して最初の1球というのは、どうしても緊張感があるもの。そこで投手や打者の緊張感が少しほぐれたかどうかによって、「よし、この調子なら大丈夫だから早めに打たせてしまおう」と考えるか、もしくは「この打席は最後まで慎重にいこう」と考えるか、選択していけば良い。

初球を投げた結果、どうなったのか。その反応によって次の球を選択することで、初めて「配球」が生まれる。バッテリーが打者の動き——どんな内容のヒット、凡打、ファウル、空振り、見逃しだったのかを見ることによって頭の中に新たなデータが加わり、それを踏まえて「状況重視」「投手重視」「打者重視」「経験＆感性重視」のいずれかを選択していくわけだ。たとえば初球の外角低めの直球に対して、打者がしっかりと踏み込んできた。さらにバットのグリップもスムーズに動いており、ボール球だったから見逃したけれどもタイミングは合っていた、とする。そこで「この球を続けるのは危ないな」と考えるのか、もしくは「この投手の球なら2球続けても大丈夫だから簡単に打たせてしまえ」と考えるのか。そこはおもに配球を考える捕手の感性に委ねられる。

08 ボールカウントの考え方②

● ボール球を１つ使えるという余裕が生まれる

当たり前のことだが、ストライクカウントが増えるほど打者のアウトには近づくため、０ボール１ストライクはバッテリー有利。ファウルは除くとして、バッテリーは最終的にフルカウント（３ボール２ストライク）までいっても６球目で打ち取れば良いわけで、ストライクを３球投げるまでにボール球を"捨て球"として３回使うことができる。つまり１球ストライクを取ったということは、ボール球を１つ投げてもまだ立場がイーブンであり、心理的余裕が生まれてくるのだ。

特に初球でボール球を選択して探りを入れようとしながらも、打者が反応してファウルや空振りになったのであれば儲けもの。こういう場合は勝負の予定を少し早めて、積極的にストライクゾーンを使って攻めていくと良い結果になりやすい。なぜかと言うと、投手は精神的にかなり余裕が出て気分も良くなっており、「結果的にボール球になってもいい」と思い切り投げ込むこともできるため、次の球も良いコースに来る確率が高くなるから。また、打者もボール球に手を出したときというのは焦るもので、少し落ち込んだ状態から気持ちも動きも修正していかなければならない。この作業もまた非常に大変だ。２球目もストライクになれば、様子見のボール球などを挟まずに３球勝負でもわりと成功しやすい。

■ ０ボール１ストライク

打者が自信を持って初球のストライクを見逃したケースであれば、その動き方や表情、仕草などからどういう意図があったのかを見極める必要がある。様子見だったのか、それとも良いところに決まって手が出なかったのか、狙い球とは違う球だから見逃したのか。そしてストライクを続けるか、それともボール球を使うかは打者の反応を踏まえて判断しよう。さらに、初球のボール球が思わぬ形でストライクになったり、打者が初球に中途半端な反応を見せたときなどは２ストライク目を積極的に取りにいくと良い。一方、確率をもっと高めて確実に打ち取りたい場面であれば、２ストライク目や３ストライク目をイメージした上でそこにつながるボール球を選択していく。なお理由は定かではないが、０ボール１ストライクから内角高めの直球をストライクゾーンに投げた場合、ファウルでストライクを取りやすいという傾向にある。

1ボール0ストライクになれば打者有利。バッテリーからすれば何とかストライクを取り、1－1の対等な立場に持っていきたい。次もボール球になったらさらに劣勢になってしまうため、「打たれたくないからボール球を投げる」という手段を選ぶ確率は低くなる。となると選択肢は、必ずストライクが取れる球か、打たせる球か、空振りが取れる球。あるいは考え方次第だが、「どうせ最後には勝負しなきゃいけないんだから、まだ余裕があるうちに決め球で勝負してしまおう」と考えて、思い切って勝負球を選択するのも1つだ。

　試合数が多くペナントレースをトータルで考えるプロ野球などでは、目先の勝利にとらわれず「追い込んでから四球になって球数が増えるのも嫌だからここで勝負」とか、逆に「2ボールや3ボールになっても構わない」と割り切ってくるケースもあり、まだまだ配球が読みづらい部分もある。ただ一発勝負のトーナメント戦が多いアマチュア野球の場合、走者を溜めて大量点を取られたくないという心理がはたらくことが多いため、やはり慎重に考えながらストライクを取りにいくケースがほとんどだ。

■ 1ボール0ストライク

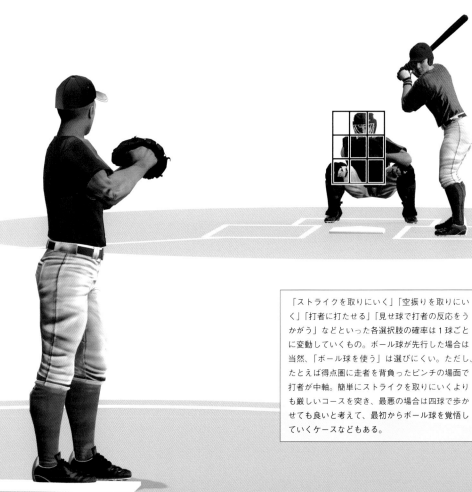

「ストライクを取りにいく」「空振りを取りにいく」「打者に打たせる」「見せ球で打者の反応をうかがう」などといった各選択肢の確率は1球ごとに変動していくもの。ボール球が先行した場合は当然、「ボール球を使う」は選びにくい。ただし、たとえば得点圏に走者を背負ったピンチの場面で打者が中軸。簡単にストライクを取りにいくよりも厳しいコースを突き、最悪の場合は四球で歩かせても良いと考えて、最初からボール球を覚悟していくケースなどもある。

10 ボールカウントの考え方④

● 際どいコースへのボール球を利用する

ポンポンと2球で打者を2ストライクに追い込んだ場合、守備側は「この打者は100%打ち取れる」と考えるもの。逆にこのカウントからヒットを打たれたり四死球を出したりすると、「何をやっているんだ。もったいない」と言われてしまう。したがって、捕手は基本的に「ボール球を3つ出してもまだフルカウントだから構わない」と慎重を期し、際どいコースへのボール球を要求して打者に手を出してもらおうと考える。この場合はバッテリーと打者の耐久レース。バッテリーはいかにコントロースミスをせずにグッと我慢できるか、打者はいかにボール球を見極めながら粘れるかが勝負になる。

とは言え、最も避けたいのはやはり四球だ。無駄な球数も多くなる上にピンチも招いてしまうの

だから当然、その後の流れは悪くなりやすい。そう考えるのであれば、3球勝負を選択するのも悪くない。アメリカの野球界などでは、初球でアウトになろうが3球三振になろうがフルカウントまで粘ろうが、アウトはアウトなんだという考え方が浸透している。つまり、バッテリーとしては「いつかは勝負しなければいけないのだから、2ストライクから4球（ボール球3つ含む）を使うよりも球数を減らせるほうが良い」と考えて、3球勝負もどんどん仕掛けてストライク先行を目指していくのだ。もちろん、日本には心理的な駆け引きも踏まえて狙い球を絞っていく打者も多いが、アメリカにはとにかく来た球に対応していく打者が多い。こうした違いが影響している部分もある。

■ 0ボール2ストライク

心理学的な観点では「0ボール2ストライクになるとゴールが見えている安心感から、無意識に手を抜いてしまいやすい」とも言われている。また実際にも、2ストライクになると集中力が少し欠けてコントロールミスが多くなる投手はいる。そういう傾向がある場合は捕手があえて平行カウント（1ー1、2ー2）を意識し、ストライクを取ったら必ずボール球を要求していくのも良い。そのほうが最後まで緊張感が途切れることなく、投手が集中したまま投げ続けられる。さらに万が一、0ボール2ストライクになってしまった場合は、1ボール2ストライク（P22）と同じ感覚で臨むと良い。

1ボール1ストライクはいわゆる"平行カウント"。ファウルは除いたとして、4球（ボール球2つ、ストライク2つ）のうちにアウトを取れば良いのだが、心理的にはここでストライクを取っておくとその後の展開がかなり有利となる。ただ、必ずしもストライクゾーンに投げるのが良いとは限らず、あえてボール球を使って外していくケースもある。

　ストライクを取りにいくか、もしくはボール球を使うかの判断はもちろん、その直前の球に対する打者の反応による。また、特に打者の一番近く

にいる捕手が「打たれるんじゃないか」という雰囲気を感じることも大切。そして、その打者の威圧感やその打者の持つタイミングの良さなどを踏まえて「打たれそうだ」と感じた場合は、「ボール球先行でいいから厳しく攻めよう」と選択するのも良い。逆に、その日の投手対打者の力関係なども考えて不安が感じられないのであれば、ストライク先行を目指して勝負するのも良い。このカウントでの投球の選択は、捕手の感性が問われる部分となる。

■ 1ボール1ストライク

配球というのは最初から打ち取るまでの道筋を決めて1球ずつ積み重ねていくものではなく、その都度、打者の反応に対応しながら「6球目（2ストライク後のファウルは除く）までのどこかで打ち取れればいい」と考えていくものだ。ここで言う「反応」とは単純に打者が動いたことではなく、「打者がその球に対応しようとして動いたこと」を指す。したがって空振り、ファウル、ハーフスイング、グリップは少し動いたけれどもバットが止まった、など。ストライクを取りにいく際、特にこの部分を見ておくと打者がどういう意識を持っているのかが分かり、次の投球を選択しやすくなる。

12 ボールカウントの考え方⑥

▶ 打者有利のカウントであることを前提に考える

　初球からボール球が２つ続いた場合、あえて「四球でも構わない」と割り切ってさらにボール球を続けることもあるが、基本的には１ストライクを取ってカウントを立て直したいものだ。

　ただし、２ボール０ストライクは"バッティングカウント"とも言われるように、投手がやや甘めのコースで確実にストライクを取りにいった結果、痛打されてしまったというケースが多い。打者も「おそらくストライクを取りやすい球種を投げてくるだろう」と想定しているわけで、狙い球を絞っていれば当然、その球が来たときのヒットの確率は高まるだろう。したがって、前提としては確実に打者有利。バッテリーはたとえば「打者は直球を待っているだろうな」と考えながら、打たれるリスクを承知で直球を選択するか、もしくは直球に見えたところから変化していく球を選択するか。そのあたりをどう判断するかが重要になる。

■ ２ボール０ストライク

打者からすれば、２ボール０ストライクは狙い球を絞りやすいカウントだ。待ち方は人それぞれだが、最も確率が高いのは球種を絞ってど真ん中を狙うこと（例：ど真ん中の直球待ち）。その次は球種を絞ってコースを狙うこと（例：外角の直球待ち）で、その次は球種を絞ってコース＋高低を狙うこと（例：外角低めの直球待ち）。当然、ここには打者としてのタイプも関わってくる。たとえば強く引っ張る傾向の打者であれば、外角球を逆方向へ流すような狙い方はしないだろう。裏を返せば、バッテリーはそれをいかに汲み取れるかが重要だということ。直球を強く引っ張るタイプの打者に対して「真ん中から内角寄りの甘い直球は意識しているだろう」と考え、あえて直球を選択しながら外角寄りに投げたり、もしくは内角でも低めに投げたりして、打ち損じを狙うのも１つの手だ。

13 ボールカウントの考え方⑦

▶ そのまま勝負か、フルカウントまで見据えるか

　１ボール２ストライクは投手有利。一般的には、勝負球を最も投げやすい心理状態と言える。ただし、２ストライクからボール球を１球投げた場合と、平行カウント（１－１）からストライクを取った場合とでは、少し意味合いが異なる。前者の場合は「おそらく抑えられるだろう」と考えているため、気持ちが緩んでコントロールミスが生まれることもある。一方で後者の場合は緊張感が持続しているため、勝負球をビシッと投げ切れる可能性は高まるのだ。

　それを踏まえ、選択肢は２つ。「そのまま勝負にいこう」と考えるか、それとも「フルカウントまで見据えて勝負」と考えるか。良い緊張感が続いているのであれば前者、できるだけ慎重にじっくりと攻めたいのであれば後者だ。ちなみに後者の場合、「２－２にしてもいい」という考え方でボール球を使うと、ただのムダ球になってしまう。したがって「２－２にしてこの球で勝負」と考えた上で、その勝負球を生かすために最も効率的な球を選択するのが良い。

■ １ボール２ストライク

「２ストライクまで追い込んだらより確実に打者を打ち取りたい」という投手心理を考えると、ボール球を使う中で決め球を有効にする伏線も作っておきたい。たとえばその投手の決め球がフォークだったら、その直前に高めの速い球を見せておけば、目の錯覚を利用して縦に落ちる変化を大きく生かすことができる。となると、２ストライクから高めのボール球になる直球を要求するのも１つの手。基本的に、打者の頭の中には直前の球の"残影"がイメージとして印象づくもので、決め球を有効にするためには直前の球の選び方が重要だ。ただし打者がまったく見向きもしない球、まったく反応しない球では残影も薄い。だからこそ、打者が反応する球を選びたい。

14 ボールカウントの考え方⑧

▶ そこに至るまでの過程で打者心理が変わる

　２ボール１ストライクは、２ボール０ストライクと同様に"バッティングカウント"と言われる。単純にボール球が先行しているというだけでなく、それまでに３球を見ていることも大きい。１球や２球で投手にタイミングを合わせるのは難しいかもしれないが、３球見ればグッと合わせやすくなる。しかもそれまでの過程で目や体は反応しているわけで、３球のうちいずれかと同じ球が来れば慣れもあって打ちやすい。またバッテリーからすれば当然、四球のリスクが高まる３ボールにはしたくないため、ストライクを取りにいきたいカウント。だからこそ、打者としては良い結果が期待できるのだ。

　さらに同じ２ボール１ストライクでも、２ボールの状態から１ストライクを取ったケースであれば、打者はより優位。２ボール０ストライクというのはバッテリーが間違いなくストライクを取りたい状況であり、打者がそれを踏まえながらも１ストライクを見極めたということはつまり、打者には心理的余裕があるわけだ。一方、１－１から打ちにいき結果的にボール球になったというケースでは、打者も最後まで反応しようとしている分、少なからずストレスはかかっている。

■ ２ボール１ストライク

良い打者であるほど打ち損じは少なく、ムダな球には手を出してこないもの。プロも含めてレベルの高い打者というのは、「ストライクだから」と言ってむやみやたらに打つことはないだろう。したがって、３ボール１ストライクになっても狙い球以外に手を出すことは少ない。そう考えると２ボール１ストライクの時点であえてボール球を選択し、３ボール１ストライクにしてから勝負するという作戦も悪くない。それまでの打者の反応を見ながら狙い球を外すことさえできれば、３ボール１ストライクから確実にフルカウントへ持っていき、最後の１球勝負に託すことができる。

四球で歩かせても構わないという状況を除くと、3ボールになった場合はもうボール球を投げられる余裕がない。したがって、バッテリーが選択するのは最も確実にストライクを取れる球種だ。もっと言えば、空振りやファウルなども含めて「カウントを稼げる球」というよりは「ストライクゾーンに投げられる球」。たとえば、フォークなどの変化球は打者が見逃すとワンバウンドのボール球になりやすいため、3ボール0ストライクから選択する可能性は低い。押し出し四球で失点してしまう満塁などでは特に「ストライクゾーンに投げられる球」であることが重要になる。また、もちろんある程度打たれることは覚悟しなければならないので、打たれても痛手にならない球、つまりホームランを含めた長打になりにくい球を選択したい。

　ただし、打者心理を考えたとき、3ボール0ストライクで自分が狙っていない球を打ちにいくことはまずあり得ない。ということは、打者の狙い（コースや球種）を外すことさえできれば、球威が甘くてもかなり高い確率で1ストライクを取ることはできる。「3ボール1ストライクからでも打ち取れる」という自信がある場合は、2ボール0ストライクになった時点で「3ボールにしても大丈夫だ」と考えておくと心に余裕を持って勝負に臨むことができる。

■ 3ボール0ストライク

打者の話だが、日本では昔から「3ボール0ストライクから打ちにいって凡打になったらもったいない」と考え、ストライクでも簡単に見送るケースが多い。また打ちにいったとしても、芯でとらえられないと指導者も厳しく指摘してしまう。しかし、これは結果論。甘い球が来やすいから打者有利というだけであって、必ずいい形で打てるという保証はどこにもない。2－2でもフルカウントでも結果的に芯に当たらないことはあるのだ。むしろリラックスした状態で甘い球を打てる3ボール0ストライクのほうが、ヒットや長打につながりやすいと思えば良い。つまり、「2ストライクに追い込まれてから打っていたらもっと酷い打撃になっていただろう」という考え方だ。「絶対にヒットを打たなければいけない」というプレッシャーが強いのであれば見送ったほうが良いが、狙い球を絞って思い切りスイングできるのであれば、3ボールから打ちにいくのもまったく問題ない。

16 ボールカウントの考え方⑩

▶ 直前の球への打者の反応を見て次の球を判断

２－２は平行カウントで投手と打者がほぼ対等の関係になるが、２ストライクまで追い込みながらまだボール球を１回使えるという意味ではバッテリーがやや有利。過程としては、１ボール２ストライクからフルカウント勝負も見据えてボール球を使ったケースか、もしくは２ボール１ストライクから１つカウントを稼いだケース。ただ、いずれにしてもその先をイメージしているので、直前の球に対する打者の反応を踏まえながら、同じ球を続けるのか、それとも違う球に切り替えるのかを選択することになる。それまでの流れを見て勝負球にタイミングが合っていると判断した場合は、第二の勝負球もイメージしておくことが必要だ。

ちなみに走者がいる場合、平行カウントだと心理的に攻撃側も作戦を仕掛けやすい。特に多く見られるのはエンドランだろう。そうなると安易にストライクゾーンで勝負するわけにもいかず、やはりフルカウントまで見据えておく必要がある。１ボール２ストライクからわざとボール球を挟んで２－２に持っていくというのは、ややリスクのある選択だということも知っておいてほしい。

■ ２ボール２ストライク

２ストライクまで打者を追い込んだバッテリーは、決め球を生かすための伏線も作っていきたいところだ。たとえば、カウント２－２から外角の際どいコースにスライダーを投げて打ち取りたい場合はその直前、つまり１ボール２ストライクの時点で伏線を張っていく。途中まで外角スライダーと同じ軌道に乗る外角直球を投げるか、もしくは球種もコースも異なる内角直球を投げるか。どんなに球速が遅くても、その投手の一番速い球（直球）を見せなければ変化球は生かすことは難しい。それを見せた上で、同じ軌道から曲げて手を出させるのが前者、相反する球でより遠くに見せて対応しにくくするのが後者というわけだ。また、打ち損じを狙うためには打者に「直球が来た」と錯覚させる必要があるので、直球と同じように腕を振ることも大切になる。

３ボール１ストライクでは、バッテリーはストライクを取ることを前提にして勝負を考える。カウント自体は打者有利なので、打たれる可能性もある。しかし、だからと言って「抑えよう」という意識が強いと、今度は際どいコースを狙いすぎて四球が増えてしまう。したがって、できるだけ痛手を負わないように「単打ならオッケー」という考えも頭に入れておくと良いだろう。もちろん「この打者に打たれるよりはまだ四球のほうが良い」というケースであれば、ボール球になるのも覚悟の上で、打たれる確率の低い球を選択していくのも良い。

　ちなみに打者目線からすると、実は３ボール１ストライクというのは３ボール０ストライクよりも不利になることが意外と多い。前者は狙い球を100％絞って「その球が来たときだけ打つ」くらいの感覚で割り切って待つことができるが、後者は「確実にヒットを打ちたいけれどもボール球だったら見送って四球にしたい」という心理がはたらくため、余裕がなくなって中途半端な打撃になることが多いのだ。だからこそ、バッテリーは３ボール１ストライクで積極的に勝負をしていきたい。

■ ３ボール１ストライク

３ボール１ストライクというのは、打者も中途半端な意識になりやすい。ボール球であれば確実に四球を得たいし、やや難しい球に手を出して凡打になれば「もったいない」という感情も生まれるため、狙い球を絞っていても「打つ」よりは「見送る」という選択肢のほうが強くなる。しかし、０ストライクだろうと１ストライクだろうと２ストライクだろうと、３ボールである以上、バッテリーはストライクを狙ってくるはず。３ボール１ストライクから打つのを躊躇したところで、３ボール２ストライクから打って凡打になるのであれば同じことだ。そう考えると、３ボール０ストライクとまったく同じ感覚で余裕を持って打席に立つほうが良い。

18 ボールカウントの考え方⑫

▶ 打者を打ち取るための最善の球で勝負する

　３ボール２ストライクはいわゆる"フルカウント"。「四球で歩かせてもいい」というケースでない限り、バッテリーは打者を打ち取るための決め球で勝負を仕掛けていくものだ。理想はストライクゾーンの最も際どいコースに投げるか、もしくはボール球で打者に振らせるか。それまでの打者の反応や、２ストライクに追い込んでからボール球が続いてきたのか、３ボール１ストライクからカウントを稼いだのかといった経緯も踏まえながら、その都度、打ち取るための最善の選択をしていこう。

　心理的な要素を考えると、本来は投手が有利。打者は見逃し三振を避けようと少々のボール球でも手を出してくるため、投げられるゾーンは通常よりも確実に広がるからだ。ただし、傾向としては「際どいコースを狙いすぎると逆にボール球になりやすい」という投手も多い。また余裕を持って投げた結果、甘い球になって「なぜ２ストライクまで追い込んでいるのにそんな球を投げるんだ」と指摘されるケースもよくあるため、実際には投手対打者が対等の関係性になることが多い。

■ ３ボール２ストライク（フルカウント）

打者との駆け引きをしながらフルカウントまで進んだ場合、良い緊張感が持続しているので投手も最後にベストボールを投げやすい。しかし、たとえば３ボール０ストライクからたまたまポンポンとストライクが取れて何となくフルカウントになった場合などは、バッテリーにも守っている野手にもストレスがかかるので流れが悪くなりやすい。こういうときこそ、捕手がいかに投手をリードするか。たとえばいつもより甘く真ん中寄りにミットを構えてあげた上で、各コースへの球を要求する。そうすると「打たれてもそこに構えた捕手が悪い」というイメージを持ってもらえるので、投手のストレスを逃がしやすい。実際、捕手が際どいコースにばかり構えていると、投手は常に神経を研ぎ澄ませなければならない。その部分をあえてアバウトにしてあげることも、ときには必要だ。

各テーマでの優先順位をつけておく

▶ 直球が一番コントロールできるとは限らない

　投手をリードする捕手は持ち球を把握するだけでなく、事前に優先順位をつけておくことが大事。「スピード」「キレや球質」「コントロール」、あるいは「空振りを取れる球」「ファウルを取れる球」「ストライクゾーンに投げられる球」などの各テーマに分けて「◎○△×」と評価をしておくと、実戦でも使いやすくなる。

　たとえばボール球が先行したカウントの場合、基本的にはストライクを取りにいきたい。ということは、まず考えるのは確実にストライクが取れる球種はどれか。つまり、そこでは「決め球」としての順位よりも「カウント球」としての順位のほうが優先されることになる。ひと口に「良い球」と言っても、球質が良い球とコントロールが良い球は必ずしもイコールにはならないのだ。また、一般的には「一番コントロールが良いのは直球」と思われがちだが、決してそうとは限らない。バッティングカウントでスライダーなどの変化球を投げる投手は「コントロールがいい」とも思わ

れがちだが、これも一概には言えない。なぜなら、その投手の「コントロール部門」の１位が実はスライダーだった、というだけのことかもしれないからだ。

　投手はブルペンで100球投げるとした場合、基本的には直球を半分以上投げている。ということは、その50球以上の中で思い通りに投げられた直球が何球あるのか、確率を見なければ本来のコントロールの良さは分からない。一方でスライダーを10球しか投げていなかったとしても、もしかしたら10球のうち半分以上が思い通りにコントロールできている可能性だってある。そうなると、「コントロール部門」の評価はスライダーが◎で、直球が○かもしれないわけだ。だからこそ、捕手はブルペン投球で必ず投手の傾向をよく見ておくこと。さらにワインドアップやノーワインドアップ、セットポジションなどで思い通りに投げ切れる確率が体力とともにどう変動するのかも見ておかなければならない。

事前にテーマ別で「◎○△×」と評価をつけているのは、あくまでもその投手の本来の持ち味の話。試合では常に◎を選択すれば良いわけではなく、臨機応変に判断する必要がある。たとえば投手の調子、打者の調子、投手対打者の力関係、打者の狙い球、走者の状況、点差や序盤・中盤・終盤などの試合展開…。さらにボールカウントや反応の仕方によって、「普段なら直球やカットボールがコントロール◎だけど、今日の場合は○。逆にチェンジアップが◎に昇格だ」などと、その都度、評価が逆転したりもするものだ。また「◎○△×」の評価は変わらずとも、あえて確率の悪い球を投げたほうが良いケースだってある。たとえば、ただ遅いだけのスローボールに対し、打者が固まって手も足も出ないというシーンをたまに見る。それこそ駆け引きによって、×評価の球ながら「打者の頭の中にまったくない球」として生きたわけだ。

第 **2** 章

打者を打ち取る

20 打者を見るポイント①ステップの仕方

▶ 足を踏み出したときの上半身の動きを見る

打者をより確実に打ち取るためには、打者の特徴を見極めることが大切。投手はボールを投げることに集中する必要があるため、捕手がしっかりと観察しなければならない。打者の特徴が最も表れやすいのはボールを打ちにいったとき、即ちスイングしたときだ。そして投球と打者のスイングを照らし合わせ、「このまま攻めると長打につながりやすいから危険だな」と感じるか、それとも「投球に合っていないからこのままで大丈夫だ」と感じるか。これが配球を考える上でのスタートになる。また、各打者の特徴や癖などのデータは少しずつ修正していく必要もある。初対戦の場合は体型や素振りを見てイメージするしかないが、そこからは対戦を重ねていくごとに「イメージ通

りだ」「思っていたのと違うな」「今のスイングは明らかにこの球を狙ってきたな」などと感じ取って考え方を修正する。それを繰り返すことによって、打者を見る目が磨かれていく。

さて、捕手が見ておくべきポイントをいくつか挙げると、まずはステップの仕方。足を投手方向へ踏み出しながらも上半身でトップの位置を長くキープできている場合は、ボールを待つ時間を十分に確保できるため、変化球にも対応しやすい（Aタイプ）。逆に、足を踏み出すのと同時に腕が動いていく場合は、速い球（直球）にはタイミングを合わせられたとしても遅い球（変化球）には崩されやすい（Bタイプ）。

A タイミングが取れている

B タイミングが取れていない

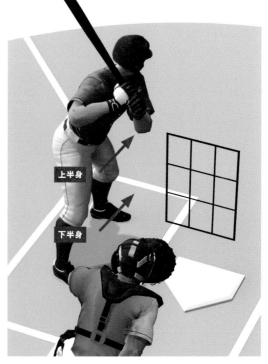

21 打者を見るポイント②回転の仕方

● ステップに対して体の回転がいつ始まるか

　打者の特徴をつかむためには、回転の仕方も見ておこう。ステップしながらも体の回転がゆっくりと始まって、最終的に鋭く回転できるタイプか（Aタイプ）、それともステップと同時に体の回転が始まってしまい、いわゆる"体の開き"が見られるタイプか（Bタイプ）。打者の技術としてよく「ボールを呼び込む」という言葉が使われるが、これはヒッティングポイントをできるだけ体の近くに持ってくるということではない。始動してから回転するまでの時間が長く、投球をギリギリまで見極められるということであり、前者のタイプということになる。

　さらに言うと、たとえばプロの一流打者などはステップ足を着地させてもまだ少し余裕を持って

ボールを見ている。十分な回転スピードもあり、「打つ」と決めてからバットを出すまでが速いため、本当にギリギリまで体の近くへ呼び込んでいるように見えるのだ。ちなみに、投手が投げた140㌔のボールが本塁へ到達するまでの時間は約0.4秒で、0.01秒長く見られるだけでボール1つ分ほど呼び込めると言われている。もちろんアマチュアにも投球を長く見られる打者はたくさんいるが、それでもステップ足が着地したときには同時に回転を始めている打者が多く、ある程度のレベルの球にはしっかり対応できるが、トップクラスの球にはやはり崩されてしまいやすい。「打つ」と決めてからの反応スピードと体の回転スピードは、プロならではの技術と言える。

A 体がうまく使えている

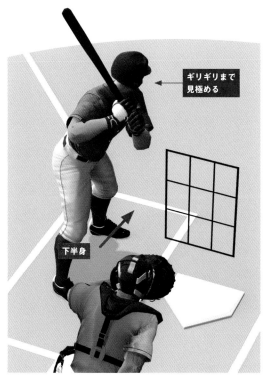

ギリギリまで見極める

下半身

B 体がうまく使えていない

体が開く

上半身

下半身

打者を見るポイント③グリップの動き方

◉ 各コースにグリップが向かっているかどうか

打者というのは投手と違い、道具（バット）を使ってボールに力を与えるものであり、道具を器用に操作する能力も問われる。バットは手で扱うわけで、大事になるのはバットのグリップの使い方。ここにも打者の特徴は表れやすいので、捕手はまず打者が打席に入る前に行うスイングを見ること。素振りでは基本的にど真ん中を振ることが多いので、グリップがど真ん中に向かっているかどうかを見ておけばいい。そして投手が1球投げたときには、そのコースに対してグリップがスムーズに動いているかどうかもしっかりと見ておこう。

たとえば内角球を打つときによく「ヒジを畳む」という表現が使われるが、ここで重要なのはヒジを畳もうとすることではなく、体の近くにグリップを持ってきているかどうか。そうしなければ、ボールが来る位置にヘッドを通してバットの芯でとらえることができないからだ。逆に外角を打つときには、グリップも少し体の遠くに向かっていくことが大事になる（Aタイプ）。一方、外角球なのにやや強引にグリップを内側から出そうとしていたり、あるいは内角球なのにグリップが外側を通って遠回りしていたり。こういうケースではバットの芯でとらえるミート率も低くなり、ボールに対してスムーズに力を与えることもできない。特に多いのは"ドアスイング"と言われる後者で、狙い球さえ外せば打ち取れる確率は高くなる（Bタイプ）。

A コースに合わせて
グリップが連動する

B グリップが遠回りする
ドアスイング

23 打者を見るポイント④ヘッドの動き方

▶ ボールに対してヘッドがどれだけ直角に近いか

　グリップの動き方に引き続き、ヘッドの動き方も見ておくことは大切。なぜならグリップを器用に扱えていたとしても、それに見合った形でヘッドが出てこない打者も実は数多くいるからだ。

　具体的にどう見ればいいのかと言うと、理想的な打撃はバットとボールが直角に当たること（Aタイプ）であり、それがずれていくほどロスにつながる。変化球に対してバットが泳ぎ、ヘッドが早く返って鋭角に入った状態になったり（B1タイプ）、あるいは速球に対して差し込まれ、鈍角に入ってヘッドがうまく出て来なかったり（B2

タイプ）。そこを見極めておくと、打者が苦手とする球種やコースも分かりやすくなる。

　また、バックネット方面にファウルが飛ぶと「タイミングが合っている」とよく言われる。打者が力を発揮できるポイントで打ちながら、バットとボールの当たる角度が少しずれたから真後ろへのファウルになったというケースは確かに多い。しかし、体に近いポイントでやや窮屈に打ったから真後ろへのファウルになったという可能性もあるので、打者とボールの距離感もしっかり見ておこう。

**A ボールに
対して
直角に近い**

**B-1 ボールに
対して鋭角に
入りすぎ**

**B-2 ボールに
対して鈍角に
入りすぎ**

● 一番速い球と一番遅い球で緩急を使う

　配球に正解はないものだが、打者を打ち取りやすい組み合わせはしっかりと頭に入れておきたい。考え方の基本としては、相反する球を投げること。たとえば一番速い球を見た直後に一番遅い球を見れば、打者からはいつも以上にすごく遅い球のように見える。逆に一番遅い球を見た直後に一番速い球を見れば、打者からはいつも以上にすごく速い球に見える。組み合わせる球の球速差が大きいほど、打者はタイミングを合わせにくくなる。これがストライクゾーンの奥行きを使った、いわゆる"緩急"だ。

　一番速い球というと、ナックルボーラー（ナックルを中心に組み立てる投手）などの特殊なケースを除けば、基本的には直球になるだろう。そして一番遅い球は、その投手の持ち球の中で一番遅い変化球、もしくはスローボール。つまり、どんなに球速が遅くても直球（速い球）があるから変化球（遅い球）が生きるわけで、投球を組み立てる際にはやはり直球が基準になるということだ。

point of view
捕手からの視点

point of view
真横からの視点

point of view
真上からの視点

25 打ち取り方の組み合わせ②内角と外角

● 体に近い球と体から遠い球で距離感をずらす

　相反する球の組み合わせとしては、内角と外角というコースの差を見せるのも効果的だ。打者は体に一番近い球（内角）を見た直後に一番遠い球（外角）を見れば、いつも以上に遠く感じるもの。逆に体から一番遠い球を見た直後に一番近い球を見れば、いつも以上に近く感じるだろう。いずれにしても、投球に対する距離感が少しずれてボールをとらえにくくなる。

　ちなみに、内角や外角というのはあくまでも不動の本塁ベースを基準にした言い方であって、打者がベースの近くに寄れば外角球のストライクも体感では真ん中付近になる。その場合、内角球のストライクはボール球のような感覚になり、見逃したり打ち損じたりする可能性が高くなる。逆に打者がベースから遠くに離れれば、体感では外角球のストライクがボール球に見え、内角球のストライクが真ん中付近のような感覚になる。つまり、大事なのは「内外角のコースへの投げ分け」ではなく、「打者から遠い球と打者に近い球の投げ分け」だ。

point of view
捕手からの視点

point of view
真横からの視点

point of view
真上からの視点

26 打ち取り方の組み合わせ③高めと低め

● 高低差を利用して打者に反応させる

投球の高低差を利用するのもまた打ち取りやすい組み合わせの１つと言える。打者からすると、高めの球を見た後の低めの球はより低く感じ、低めの球を見た後の高めの球はより高く感じるものだ。ただし先述したように、こちらも高めと低めをただ組み合わせれば良いというわけではなく、やはり「打者が反応したかどうか」が重要。たとえば、０ボール２ストライクから高めのボール球を見せるシーンはよく見られるが、そこで打者が反応していないのであれば、次に使うつもりの低めの球は生きない。むしろ「次は低めの球を投げますよ」と宣言しているようなものなので少なからずリスクはあり、結果的に打者を抑えられたとしても、バッテリーの戦術としては機能していないことになる。決め球を生かすためには、その直前の球に反応させられるかどうか。あくまでも、１球ごとに打者の反応を見た上で判断することが大切だ。

point of view
捕手からの視点

point of view
真横からの視点

point of view
真上からの視点

27 打ち取り方の組み合わせ④対角線

◉ 速くて近い球と遅くて遠い球を組み合わせる

相反する球による最大の組み合わせがいわゆる "対角線"。内角高めと外角低め、あるいは外角高めと内角低めのコンビネーションだ。そして球速とコース、高低の差を踏まえて打者が最も打ちにくいとされるのは、一番速くて一番近い球（内角高めの直球）と一番遅くて一番遠い球（外角低めの変化球）。この2つの組み合わせを基準とした上で、一番速い球と一番遅い球の間の中間球も駆使すれば、さらに引き出しが広がる。なおかつ、直球の軌道から少しだけずれる球でバットの芯を外したり、あるいはストライクになる直球の軌道からボール球ゾーンへと変化させる球で空振りを取れたりすると、より楽に打者を打ち取ることができる。

もちろん、対角線の組み合わせであっても打者の反応を見極めることは大事。外角低めの直球を続けて打者がまったく反応しなかったのにもかかわらず、意表を突く、あるいは次の外角低めを生かそうというつもりで内角高めを選択した結果、一発長打を浴びてしまったというケースは多くあるので、注意が必要だ。

point of view
捕手からの視点

point of view
真横からの視点

point of view
真上からの視点

28 反応で打つ打者への対応

▶ 弱点を突きながら1球ずつ勝負球を選ぶ

　打者を大きく2つに分類すると、投球に対する体の反応に任せて「来た球を打ちにいくタイプ」と、配球などを考えながら「狙い球を絞って打ちにいくタイプ」がある。プロや社会人であればあらかじめデータを採って研究するため、どういうタイプの打者なのかは試合前にある程度分かっていることが多いのだが、何も分からない状態の場合は最初の1打席でひとまず判断することになる。どんな球でもストライクであれば積極的に振って

対応❶
内外角や高低による反応の違いを見て
コースやゾーンの得意・不得意を判断

対応❷
球種による反応の違いを見て
球種の得意・不得意を判断

くるのか、それとも直球だけを振ってくるのか、変化球だけを振ってくるのか。打者がどんなときに反応を見せたのか傾向を見極め、2打席目以降はそのタイプのイメージを持って勝負していくわけだ。

　たとえば、狙い球を絞らなくてもどんな球種にでもうまく対応できてしまう高い能力を持っている打者。あるいは空振りをしても凡打をしても何とも思わず、次の打席でもまた同じように来た球を打っていく打者。これらは反応で打つタイプと言える。この場合、バッテリーは常に打者が振ってくることを想定して、弱点を突きながら1球ずつ勝負球で攻めていく。そして考えておきたいのは、どこに投げれば一番痛手にならないか。反応を見ながら内外角のコースや高低への投げ分け、球種の違いによる緩急やずらしなどを選択していく。

バッテリーは反応で打つタイプの打者と対戦する際、打者が1ボール2ストライクから振るときのイメージで臨んでくるのか、それとも3ボール2ストライクから振るときのイメージで臨んでくるのか、どちらの感覚が強いのかも考えておくと良い。前者の場合、打者は切羽詰まっているので、ストライクに見える球であればボール球気味でも振ってくる。一方、後者の場合はバッテリーとの立場がイーブン。ストライクはすべて打ちながらも、ボール球をしっかり見極めようという意識も強い。

1球ずつ勝負球を選択すると言っても、もちろん投手がコントロールミスをすることもあれば、打たれることだってある。ただ、いくら良い打者であっても打つのは3割で、アマチュアであっても4〜5割。しかも、打たれた時点で勝敗の流れが決まってしまうような場面を除けば、基本的にはヒット1本を打たれたところでそうそう影響はない。したがってバッテリーは変に気を遣うのではなく、「7割くらいは打ち取れるんだろう」と思っておけばいい。

29 狙い球を絞って打つ打者への対応

● 打者が狙う球種やコースなどを見極める

　一方で、投手の持ち球や捕手の配球を考え、狙い球を絞って打ちにいく打者もいる。何も考えずに来た球への反応だけでどんな球でも確率良く打てるのであれば、それは究極の打撃の形。ただ当然、相手が好投手であるほど打つのは難しくなるため、狙い球を絞ることでその球に限って確率を一時的に高めていくわけだ。たとえば「この投手は速い球が多い」というデータがあるとする。しかし、打者は速い球が苦手。であれば、速い球に狙いを絞ってタイミングを合わせ、変化球が来てしまったらストライクでも仕方ないと割り切っていく。球種以外にも内外角のコースや高低のゾーンで狙い球を絞ったり、あるいは最初からどちらの方向へ打球を飛ばすか決めていたりと、狙い方はさまざまだ。

　では、バッテリーはどうすればいいのか。当然、相手の狙い球を見極めることができれば投球は楽になる。たとえば打者が球種で狙いを絞るタイプの場合、遅い球を待っているときは直球ならど真ん中であっても見逃してくれるわけで、簡単にストライクを取って優位に運ぶことができるのだ。そのためには過去のデータ傾向も踏まえながら、ネクストバッターズサークルでの行動、打席に入る前のスイングや仕草、打席での構えや表情などを見て何かを感じ取ること。さらに1球ずつ反応を見て、「狙われているから打たれそう」なのか、それとも「狙っていてもやはり打てそうにない」のか、確認して次の球を選択していくことが大切になる。

対応❶
コースやゾーン別で狙っている打者には
真逆を選ぶか、近い場所で打ち損じさせる

対応❷
球種別で狙っている打者には
他の球種を選ぶか、同じ球種で打ち損じさせる

　狙い球を絞って打ちにくる打者を抑えるためには、打者に反応させることが大事。反応は「打者が打とうとする仕草」であり、踏み込んで打ちにいったけれどもバットを止めた、というのも含まれる。そして当然のことだが、打者の弱点を突けば見逃すケースが多く、得意な球を選択すれば打ちにくるケースが多い。ということは打者の弱点を突いてその球を意識させ、得意な球で打ち取れる確率を高めるか、あるいは打者の得意な球を選択してファウルを打たせ、それ以外の球で打ち取れる確率を高めるか。いずれにしても、一方の球に反応したときにはもう一方の球を打てる確率が減る。だからこそ"緩急"や"対角線"など、相反する組み合わせが有効となる。ちなみに後者の場合、反応させようと思ったものが痛打されてしまうリスクもあるので、投手の技量も求められる。

　スピードアップを求められる近年は少ないが、ひと昔前の野球界にはいわゆる"三味線を弾く打者"もたくさんいた。1つの球にわざと分かりやすく反応し、バッテリーにどの球が狙い球なのかを思い込ませておいて、次に来ると考えられる球を狙って打ちにいくのだ。逆に言うとバッテリーがそんな打者の意図を読み取ることができれば、一見、狙い球だと思われる球をあえて選択してストライクを取れたりもする。これぞ配球の駆け引き。プロの世界などでは初球のストライクを打者が簡単に見逃すケースがたまにあるが、これは打者とバッテリーが暗黙の了解で「2球目以降の勝負」と考え、初球で駆け引きをしながら「じゃあ2球目はどうするのか」とお互いに探り合っているものだ。

打者の好きなコースでずらす

▶ 意識付けでストライクゾーンの感覚をずらす

打者というのは、好きなコースに対しては無意識に反応するもの。甘いゾーンから球が2〜3個分ずれたとしても、うまく対応できてしまったりする。ただ、好きなコースだからと言ってすべて打てるわけではなく、打ち損じる可能性も十分にある。バッテリーからすれば、この習性を利用して打ち取ることも選択肢の1つだ。

たとえば内角が好きな打者がいたとする。しかし、それは「真ん中から内角寄りが好き」というだけで、内角寄りであればストライクゾーンのギリギリいっぱいでも打ててしまう人もいれば、甘めの内角球には強いけれどもギリギリいっぱいのコースは打てないという人もいる。前者の場合、意外とど真ん中に来た絶好球を簡単に見逃したりもする。内角に絶対的な自信を持っているからこそ、相反する外角に対して狙いを絞ることはあっても、ど真ん中に来ることはイメージしていないからだ。また後者の場合は、投手がストライクゾーンの内角ギリギリいっぱいに投げることさえできれば、むしろ打ち取れる可能性は高い。

さらに「真ん中から内角寄りが好きな打者」の場合、ストライクゾーンの内角ギリギリもしくは内角のボール球を投げれば、得意だからこそまず打ちにいき、「打ってはいけない球だ」と分かったところで初めて見送ることになる。バッテリーからすれば、この反応を引き出せると非常に良い。と言うのも、打者がギリギリまで打とうとしなが

ら見極める技術というのは、神経を研ぎ澄ませてスタミナを浪費するもの。そして「今度同じところに来たら打ってはいけない」と考えるため、少し本塁から離れて立つなどの手を加えるようになるのだ。その結果、本人のストライクゾーンの感覚が実際のストライクゾーンとずれていく。本塁から少し離れればストライクゾーンの感覚も内角寄りに移り、もともと内角ギリギリまで打てる打者であれば内角のボール球ゾーンまで追いかけることになるから当然、ヒットは生まれにくい。また、逆にど真ん中の球は「外角寄りに来た」という感覚になるため、これも本人にとっては打ちにくい球となる。つまり、得意なゾーンを強く意識させることで、他のゾーンをノーマークにすることができるというわけだ。

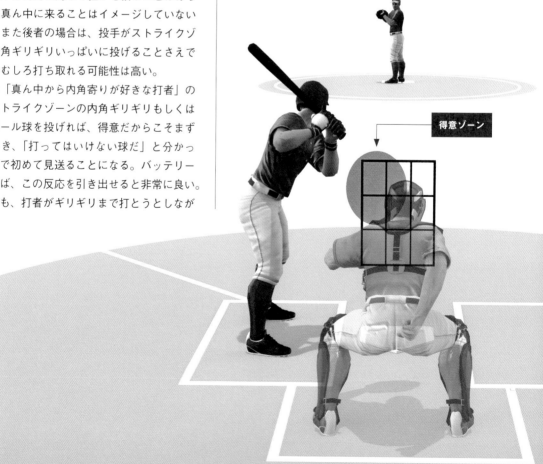

得意ゾーン

check

投手がしっかり
投げられるのが前提

　勘違いしてはいけないのは、打者の得意なコースの近くに投げるということは、一歩間違えれば打たれやすいということ。たとえば、バッテリーがよく「投球の幅を広げるためにも内角を攻めなければならない」と言っているのを耳にするが、外角球を持ち味としている投手が内角に強い打者に対してただ幅を広げるために内角を狙った結果、力のない棒球になって打たれるというシーンもよく見る。したがって、投手がそのコースへしっかりと投げ切れるかどうかも考えた上で判断しなければならない。

Point

打者の得意な軌道を
うまく利用する

　バッテリーと同様、打者も自分の攻められ方は考えて打席に立っているもの。両者の心理状況が同等であれば道具（バット）を持っているほうが強いわけで、バッテリーは考え方の部分で打者を上回っていなければ打ち取れない。打者の得意なコースへ投げてストライクゾーンをずらす駆け引きをしたいとき、そのまま得意なゾーンへ投げ込むのはリスクが高い。それよりは得意なコースへの軌道と少しだけずれている球か、もしくは得意なコースと同じ軌道から変化してボール球になる球を選択すると反応が出やすくなる。

31 変化球を使う①ブレーキング系

▶ 直球に対して大きなブレーキを利かせる

　打者を打ち取る選択肢を増やすためには、変化球を習得しておくことも大切だ。ただ大前提として頭に入れておいてほしいのは、どんなに変化球が得意な投手であろうと、直球を投げなければ効果は薄いということ。変化球を何種類も投げられたとしても全般的には直球より遅い球であり、ある一定のスピードの幅に収まる。したがって打者は変化の軌道にさえ慣れてしまえば、簡単に対応できてしまうのだ。唯一、来るのが分かっていてもどこへ変化するか分からないナックルボールだけは例外と言えるが、これをコントロールするのはかなり難しい。

　地球では重力や空気抵抗が働くため、基本的に球が上に変化することはない。浮き上がってくるように見えることはあるかもしれないが、変化球の軌道は必ず横方向と下方向の組み合わせ。その

球を最大限に生かすためにはやはり、まず直球を見せて一定の直線を打者に認識させておくこと。それを基準にした上で、軌道の差を見せれば変化球はより有効に使える。

　変化球にはさまざまな種類があり、持ち球の数は投手の認識しだい。たとえ似たような変化だったとしても、投手が「カーブです」と言えばカーブ、「スライダーです」と言えばスライダーになる。ただ実際の変化という部分で見れば、大まかには3種類に分けられる。1つ目はブレーキング系。大きく縦に割れるカーブなど、直球に対して大きくブレーキが利いている球だ。ブレーキング系の球は重力と空気抵抗を思い切り使うため、途中で一瞬止まったような感覚になり、そこから急に減速して大きく落ちるように見える。

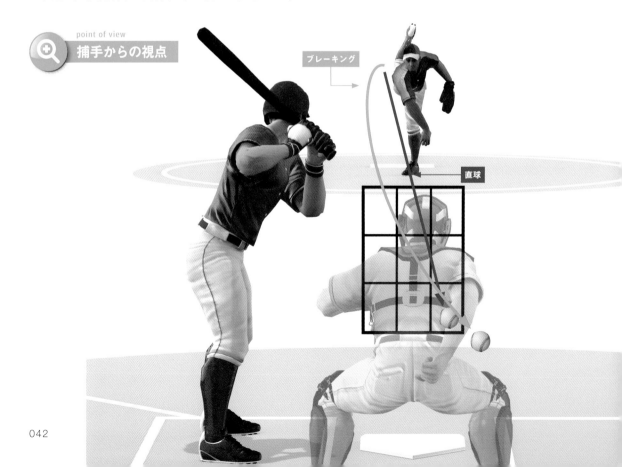

point of view
捕手からの視点

ブレーキング

直球

point of view
投手からの視点

ブレーキング

直球

check

海外の打者にはカーブが有効

　メジャーリーグや国際大会などで活躍する日本人投手の中には、カーブを操るタイプが少なくない。その理由としては、海外にはクラウチング気味（やや屈んで上体を斜めに倒す）に構えてアッパースイングをする打者が多いことが挙げられる。カーブはいったん直球の軌道よりも上にフワッと浮いてから落ちてくるため、クラウチング気味に構えていると一瞬目線から球が消え、そこからまた急に現れたように見えて打ちにくいのだ。

point of view
真横からの視点

point of view
真上からの視点

ブレーキング

ブレーキング

直球

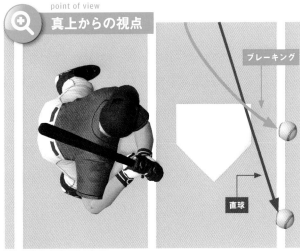

ブレーキング

直球

Point

直球と変化球の軌道差を最大限に活用

　たとえば右投手がすべて外角へ投げるとしたとき、直球は投手板からやや三塁側にずれた位置でリリースし、本塁の外角の手前の角を通過していくと最も角度をつけられる。これを基準とした場合、ブレーキング系の変化球はリリース後に直球の軌道よりも三塁側へいったん外れ、そこから大きく曲がって本塁の外角の手前の角を通過するのが理想。この2つを投げ分けられれば、直球と変化球の軌道の差を最大限に活用できる。

変化球を使う②カット系

▶ 指先の切り方で真横や斜め下に変化させる

　２つ目の変化球の種類はカット系。真下というよりは斜め下に落ちるか、あるいは横方向へ曲がる傾向が強く、縫い目への掛け方やリリース時の指先の切り方によって変化するタイプの球がこれに該当する。基本的には握り方だけ変えて直球と同じように投げれば変化するので、わりと操りやすい。球種で言えばカットボールやスライダー、ツーシームやシュートなどだ。

　カット系の球種はスピードが直球に近くて変化の仕方もわりと速いため、大半が一番速い球（直球）と一番遅い球（カーブやチェンジアップなど）との間の球、いわゆる"中間球"に属する。これらは、実は長打のリスクを十分にはらんでいる。コントロールがしやすい反面、変化量が少なくて回転数が多いのでコースや球威が甘ければ遠くへ飛びやすい。また直球にやや振り遅れている打者に対して中間球を使うと、タイミングを外せるほど直球との緩急差がないため、ちょうどタイミングが合う。むしろバットが少し前に出ていき、

ヘッドが加速したところでとらえやすくなってしまうのだ。

　現代のアマチュア球界ではよくカウント球としてカット系の球種が多投されているが、これは日本の練習スタイルが関係しているだろう。日本では打者はまず一番速い直球を打つ練習を重ね、そこから一番遅い変化球をどうやって打つのかを考える。その間、中間球を打つ練習というのはあまりしないため、必然的に「打ちにくい球だ」と認識される。だからこそ、バッテリーはバッティングカウントで中間球を選択して簡単にストライクを稼げる傾向にあるわけだ。ただ、それでも全国上位へ勝ち上がるチームの多くはやはり、攻撃において「カウントを取りに来る中間球」を狙って確実にとらえてくる。強打者を相手にすることを考えれば中間球、特にカット系の球種というのは、基本的に打たれやすい球なのだということを認識した上で投げてもらいたい。

point of view
捕手からの視点

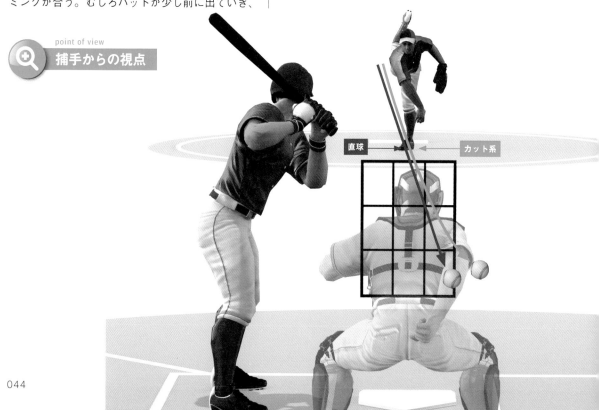

直球　　カット系

point of view
投手からの視点

直球

カット系

check
✓
海外の打者は
カット系には強い

　メジャーリーグにはカット系の球種に強い打者が
多い。アメリカの打撃練習ではまず遅い球を打って
いき、速い球に対しては実戦練習で慣れながら合わ
せていくというスタイルが多いため、とにかく来た
球をすべて打ちにいきながら対応していく打者がた
くさん育つ傾向にあるのだ。また先述の通り、海外
にはクラウチング気味（やや屈んで上体を斜めに倒
す）に構えてアッパースイングをする打者が多い。
そう考えると、カット系の球種でも真横に鋭く曲が
る球を投げられれば良いのだが、斜めに落ちていく
場合は構えとちょうど同じ目線に入りやすく、当然、
バットに当てやすいということになる。一方で日本
人打者は目線を平行にして構えることが多いため、
カット系の球種は通用しやすい。

Point
いかに直球の軌道に乗せるか

　カット系の変化球はまず直球の軌道に乗り、そこか
ら左右へ少し曲がって打者のバットの芯をずらすのが
理想。途中まで打者に「直球だ」と錯覚させることに
よって最大限に生かされる。たとえば右投手がすべて
外角へ投げるとして、直球は投手板からやや三塁側に
ずれた位置でリリースし、本塁の外角の手前の角を通
過させて角度をつけるが、カットボールやスライダー
であればその軌道に乗りながら、本塁手前で一塁側へ
キュッと曲がってボール球ゾーンへ向かっていくと良
い。ちなみに、詰まるとヒットになりにくい木製バッ
トにはかなり有効だが、振りやすさ、芯の大きさ、反
発力などを兼ね備える金属バットが相手だと、いくら
詰まらせてもガツンと強く振り切られただけでヒット
になる可能性が十分にあり、効果はやや薄くなる。

point of view
真横からの視点

直球

カット系

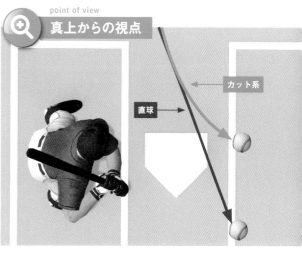

point of view
真上からの視点

カット系

直球

33 変化球を使う③チェンジアップ系

▶ 下方向に落としてタイミングをずらす

3つ目の変化球の種類はチェンジアップ系だ。変化としては直球を打ちにきた打者に対し、真下にスッと落としてタイミングをずらす球種。その名の通りチェンジアップやフォーク、パーム、シンカーなどが該当する。チェンジアップ系の球種はカット系に比べて直球との緩急の差があり、打者が「直球だ」と思ってスイングを始めたところでスッと急激に落ちて目線から消えるため、バットが投球の軌道を後から追いかけていく形になって打ちにくい。

ちなみにアメリカの考え方では、変化球はブレーキング系とチェンジアップ系の2種類に分けられており、カット系もすべてブレーキング系に含まれるという。リリース時の指先の切り方によって横へ曲がるのがカット系を含めたブレーキング系で、スッと指から抜けるように投げて縦に沈むのがチェンジアップ系だ。ただ日本の場合はドローンと大きな弧を描くカーブ、昔で言うところの

ドロップボールなども根付いている。したがって、縦に大きくブレーキが掛かるブレーキング系と横に変化するカット系は、分けて考えておくと良いだろう。

ここまで変化球を3種類に分類したが、1つだけ注意点。球種をたくさん増やして投球の幅を広げておくことは打者を抑えるのに手っ取り早い方法だが、本来やらなければならないのはまず1つずつの球の質を上げること。いくら球種が豊富でコントロールが良かったとしても、たとえば高校生の投手がいきなりプロの世界に飛び込んだとしたら間違いなく打たれてしまう。つまり、各ステージで結果を残すためには、そもそもそのレベルに見合うだけの球質を身につけなければならないのだ。球質を向上させるためには体を進化させ、技術を磨くことが必要。そこは前提として頭に入れておいてほしい。

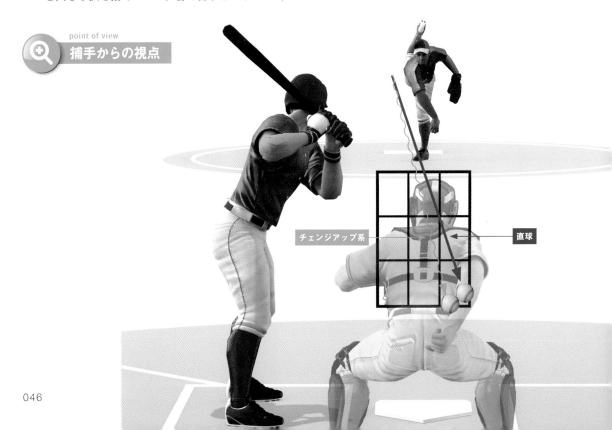

point of view
捕手からの視点

チェンジアップ系　　　　直球

投手からの視点

直球

チェンジアップ系

check

強打者に対して有効なことが多い

　中軸を打つような強打者はわりとカーブやチェンジアップ系が苦手な傾向にある。強打者はスイングが速いため、そのスピードに見合った速い球が得意。となれば当然、その対極にある一番遅い球が苦手になるのだ。直球と同じリリースからの間合いが長いほど力を溜めて我慢しなければならず、非常に苦しくなる。一方、下位の打順を任されるような打者の場合、いつでも速い球をしっかり打ち返せるように力を入れて構えておくというよりは、いろいろな球に対応できるようにリラックスして構えていることがわりと多い。そこに遅い球が来れば当然打ちやすく、インパクトでも「強く叩く」というよりは「巧く運ぶ」傾向にある。そうなると有効なのは一番速い球（直球）。そして、直球と錯覚させながらカット系やチェンジアップ系の中間球で縦横にずらしていくのも効果的だ。

Point

直球と同じ腕の振りが重要

　チェンジアップ系の変化球もカット系と同じく、まずは直球の軌道に乗り、そこからスッと落ちるのが理想。たとえば右投手がすべて外角へ投げるとしたら、直球は投手板からやや三塁側にずれた位置でリリースし、本塁の外角の手前の角を通過させて角度をつけるが、チェンジアップ系の球種は同じ軌道から本塁手前で急に減速して低めへ落ちていくのが望ましい。また、できるだけ打者に「直球が来た」と錯覚させるためには、直球と同じ腕の振りで投げることも重要。投手は握り方だけを変えた直球、という感覚で投げられる球種を磨いておくと良いだろう。

真横からの視点

直球

チェンジアップ系

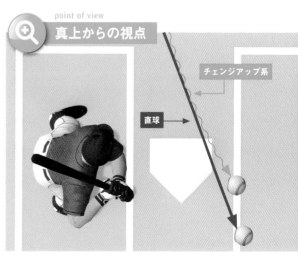

真上からの視点

チェンジアップ系

直球

直球のボール球で打者の反応を見る

▶ コースを少しだけ外れた球を見せる

打者の反応を見たいときには "見せ球" も有効になる。スタートとしては一番速い球、すなわち直球に対してどういうタイミングで見送ったのか、あるいはどういうタイミングで打ったのかを見る

ことから始めると分かりやすい。特に効果があるのは内角直球のボール球か、外角直球のボール球。ただし、明らかにボール球だと分かってしまうと最初から見逃されてしまう。まずは打者が本気で

■ 内角

Point

打者のタイミングを見ておく

打者というのは狙い球を絞っていない限り、基本的には直球に合わせて待っているものなので、直球を投げることによってその打者の本来のタイミングの取り方を把握することができる。そして、投球に対するバットの出方が早いのか遅いのか、踏み込んだ足と球との距離感、インパクトでのタイミングの良し悪しなどを参考にして次の球を選択していくと良いだろう。

タイミングを取って打ちにきてくれなければ「反応した」とは言えないわけで、いずれの場合も一瞬だけ「打てそうだ」と思わせることが重要だ。

　そう考えると、外角直球の場合はコースを少し外れていながらも、高さとしては真ん中付近でそれなりに甘いゾーンに投げる必要がある。また、内角直球の場合は体の近くに来た球なのでもともと反応はしてくれやすいのだが、手が出なかったり体を引いて避けてしまったりすると意味がないので、打ちごろのスピードでコースを少しだけ外れるというのが望ましい。もちろん、スピードが

遅いとそのまま打たれるリスクも高まるが、速い球を内角ストライクから少しだけ外れたゾーンにズドンと投げ込むというのは相当な技術。その自信がないのであれば、スピードを抑える代わりにコントロールを重視するほうが良いだろう。しかも打ちごろのスピードなら少しコントロールミスが出たとしても、打者が避けやすいので死球のリスクも減らせる。

■ 外角

Point

内外角を使い分ける

　内角で反応を見るか、外角で反応を見るかというのはケースによって判断する。絶対にリスクを回避したい状況であれば外角。ヒットを打たれても試合展開には大きな影響がないなど、余裕がある状況であれば内角。そう考えておくと分かりやすい。また長いイニングを投げる投手の場合は、前半のどこかでボール球の内角直球を挟んで駆け引きをしておきたい。そもそも外角直球を中心に投球を組み立てる投手が大半という中、見せ球でも外角直球を使うということは、打者の外角直球への意識をさらに強めてしまうことになる。それならば内角直球で1ボールにしておいたほうが、反応を見ながら同時に内角球のイメージも植え付けることができる。打者に的を絞らせず、配球の幅を広げることもできるのだ。

35

変化球の見せ球を使う

▶ 直球のストライクの軌道から変化させる

変化球を"見せ球"として使う場合は、途中まで直球と同じ軌道で進んでいく球が効果的。たとえば打者が内外角のどちらを意識しているのかを探りたいときには、各コースの直球の軌道からボール球ゾーンへと外れていく変化球（外角直球の軌道から外へ逃げる球、内角直球の軌道から内へ食い込む球）を投げると、打者の反応が出やすい。さらに、2ストライクになると打者は見逃し三振を避けようとして際どいコースの球をすべて打ちにくるため、この"変化球の見せ球"はカウントを追い込んだ後の勝負球としても使える。逆に言うと、いくら球種が豊富でも、見せ球や勝負球として使えない変化球では打者はあまり嫌がってくれない。

現実としては、バッテリーが0ボール2ストライクと余裕のある状況から、明らかにボール球だと分かる真ん中高めの直球や外角直球を選択するシーンをよく見るが、残念ながら見せ球になっていないことが多い。打者の反応を見たいという意図があれば良いのだが、実際は「0ボール2ストライクから勝負をして打たれたらもったいない」という感覚から選択しているケースが多いように思える。しかし、打者が反応していないのであれば次の球にも生かされない上、球数をムダに増やしてしまう。ならば、むしろ3球勝負で"変化球の見せ球"を勝負球として選択するのも1つの手。最もヒットを打たれにくいのはボール球であり、ストライクゾーンに来たように見えながら変化するボール球であれば、打者も途中までは打ちに来てくれる。これなら反応を見ることができるし、たとえ振ってきたとしても凡打になりやすい。

見せ球　見せ球

36 打たせる方向を決める

▶ 状況やポジショニングとも連動させて考える

　打者のタイプを把握しておいた上で、打たせる方向を決めて勝負するというのも投球術の1つ。同じ右打者であっても「内角はレフト方向へ引っ張り、外角はライト方向へ流す」という打者もいれば、「内角の速い球はセンター方向へ押っつけ、外角の遅い球は三遊間へ引っ掛ける」という打者もいる。そうなると、たとえば右方向に打たせたくない状況だったとして、前者の場合は内角を攻めることで引っ張る打撃を促したいが、後者の場合は逆に外角の変化球を使って引っ掛けさせたい。どの球がどの方向へ飛びやすいのかというのは打者によって違うので、それぞれのタイプを見極め

た上で組み立てを考える必要がある。

　なお、打たせる方向を決めるケースというのは基本的に内外野のポジショニングと連動するものでもあり、投手の特徴やその日の調子、さらには打者が何も考えずに打ってきたときの打球傾向だけでなく、各ケースにおいて条件を設定しながら攻撃してくるタイプかどうかも頭に入れておくことが大事だ。そして、打たせたい球はストライクゾーンへ投げ、それ以外の球はボール球として見せていけば、必然的に打たせたい球を打たせることができる。

■ 内角を引っ張り外角を押っつけるタイプ

右打者で考えたとき、内角球に対してヘッドを返した状態でとらえていれば、左方向へ引っ張った打球になる。外角球に対してヘッドを残した状態でとらえていれば、右方向へ流した打球になる。この2通りのイメージで打ち分ける打者は一般的に多い。

■ 内角を押っつけて 外角を引っ張るタイプ

右打者で考えたとき、内角球に対してヘッドを残した状態でとらえていれば右方向へ流した打球になる。外角球に対してヘッドを返した状態でとらえていれば、左方向へ引っ張った打球になる。センター返しを意識し、各コースへ向かってくる投球の軌道に対して真っすぐ打ち返そうとする打者にはこういうタイプが多い。

■ 変化球を押っつけるタイプ　■ 変化球を引っ掛けるタイプ

変化球に対して体勢を崩されず、ヘッドを残した状態で打つ打者というのは、センターから逆方向へ打つタイプが多い。この場合は投球を長く見ることができるため、2ストライクに追い込まれたとしてもそこから粘る傾向にある。

変化球に対してヘッドを返した状態で打つ打者というのは、引っ張った方向へ引っ掛けたゴロを打つタイプが多い。ただし、体勢を崩されて片手1本になったとしても粘れるのであれば、ヒット性の強い打球が飛ぶこともある。

37 ゴロやフライを打たせる

▶ 打者のタイプ別に打球傾向を頭に入れておく

打球方向だけでなく、ゴロかフライか、打球の種類も計算できると投球は楽になる。そのためにはもちろん、打者のクセを見抜いておくことが必須だ。したがって、普段の練習のフリー打撃などで打撃投手や打撃捕手を経験することはとても大切。各打者と対戦しながら「この球はこっちの方向に打つんだな」「こういう球を打つとフライになるのか」などと、それぞれの傾向を頭に入れていくのだ。一般的には「低めの球はゴロになりやすく、高めの球はフライになりやすい」と思われているが、決してそうとは限らない。低めの球をすくい上げてフライにするのが得意なタイプもいれば、高めの球を叩きつけてゴロにするのが得意なタイプもいる。

そして、打者のタイプというのはある程度同じようなカテゴリーに分類できるので、たとえば初対戦の打者についても「あの打者と似ているタイプかな」などと想定しながら、自分の中に積み重ねてきたデータを参考にして攻めていけば良い。自分のチームの打者がそれぞれどんなタイプか。それを分かっていないようでは、試合になって初めて見る打者がどんなタイプなのか、分かるはずがない。試合での配球を深く考えられるようにするためにも、まずは一番簡単な味方の打者について「こういうタイプ」と分類するクセをつけておきたいところだ。

■ 低めを叩いていくタイプ

■ 低めをすくい上げるタイプ

投球に対して上から叩きつけていくタイプは、打球がゴロになりやすい傾向にある。したがって、低めの球を中心に攻めればゴロを打たせやすい。逆に高めの球については、鋭いライナーやバックスピンの掛かったフライが飛ぶ可能性もある。フライを打たせるのであれば、球威とコントロールが甘くならないように注意したい。

投球に対して下からすくい上げていくタイプは、打球がフライになりやすい傾向にある。気持ち良くフライを打たれると長打のリスクが高まってしまうので、低めへ投げる際は注意が必要。一方で高めの球についてはフライが高く上がるか、トップスピンの掛かったゴロになりやすい。それらを踏まえ、回転が多くて伸びる直球か、回転が少なくて落ちる直球、また縦の変化球を駆使していきたい。

38 錯覚しやすい危険なパターン

▶ 頭の中だけでパターンを考えないように注意

投球の組み立てにおいて重要なのは、いかに"残影"を使えるか。打者というのは狙っていない球や明らかなボール球が来た場合、最初から打つ気がないので、早めにパッと目を切ってしまう。そうなると、その球の印象が打者の頭の中に"残影"として残らないため、次の球に生かすことができない。それにもかかわらず、ただその球を投げただけで「印象が残っているはず」と考えて失敗してしまうケースは非常に多い。

また、打者が反応したかどうかを考慮せず、「この球を見せたから次はこの球」などとバッテリーの頭の中だけで投球を組み立てて失敗するケースも多い。打者が投球に対して少し動いたからと言

って、最終的にパッと見逃されて打ちにいく動作が引き出せなかったのであれば信用はできない。逆に実際に打ちにいく動作を引き出せたのであれば、「打者が反応した」ということになるので信用できる。その場合はその球にタイミングが合っているかどうかを見ながら、「合っているから残影を生かして違う球にしよう」とか「まったく合っていないからその球を続けても大丈夫だ」などと判断すればいい。

いずれにしても、配球というのはパターン化したところで計算通りにいくとは限らない。錯覚しやすい危険なパターンをいくつか挙げておくので、ぜひ注意してもらいたい。

■ 失敗例1

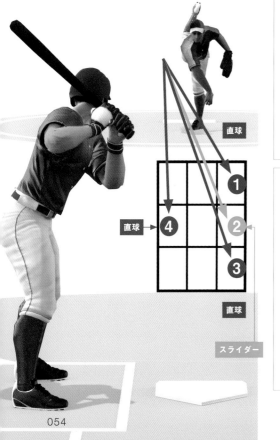

打者の中でストライクゾーンの感覚は1球ごとに変わっていくもの。したがって、バッテリーは1球ずつ反応を見ながらその都度、危険ゾーンを察知しなければならない。たとえば「外角低めに投げれば最も痛手が少ない」という考え方があるが、それはあくまでも打者が真ん中付近の甘い球を意識しているときの話。外角の真ん中から低めあたりを意識している打者に対しては、最も痛手が少ないのは相反する内角高めになる。そう考えると、低めに投げ続ければ打者の目はどんどん低めに行き、ストライクゾーンの感覚も低め寄りになるので高めが打ちにくくなる。また外角に投げ続ければ打者の目はどんどん外角に行き、ストライクゾーンの感覚も外寄りになるので内角が打ちにくくなる、と言える。ただし、外角を投げ続けたからと言って「外角に寄せたから最後は内角で打ち取れる」と考えるのはやや安易。外角球に対して十分な反応が見られなければ「外に寄せた」とは言い切れず、最初から狙っていた内角球を一発で仕留められる可能性もある。

ずっと外角球を待っている打者に対して内角球を1球挟み、まったく反応しなかったのにもかかわらず、「内角を見せたから次は外角だ」と考えて痛打されてしまうケースもよくある。打者がその球に反応したかどうかは、しっかりと見極めなければならない。ちなみに現場ではよく「内角の使いどころが大事」という言葉を聞くが、これは間違った表現。外角を基本とすることが前提になってしまっているが、本来は外角も内角もどちらも投げ切れるように練習を積まなければならない。その上で確率を考えたときに、死球のリスクが低い分だけ腕を思い切って振ることができ、打者を打ち取りやすいのが外角であり、死球のリスクが高い分だけコントロールに気を遣って腕の振りが弱くなり、ストレスがかかるため技術を必要とするのが内角というだけの話だ。もっと言うと重要なのは外角か内角かではなく、打者から遠いか近いか。そして打者の狙っているゾーンを察知するか、もしくは打者に特定のゾーンを意識させ、その逆を突けば打ち取りやすい。したがって「内角の使いどころ・外角の使いどころ」を正しく言うのであれば、「打者の狙い球と反対の球の使いどころ」という表現になる。

■ 失敗例2

プロの世界などで見られる光景として、打者が知らん顔で見逃すシーンがある。「追い込まれるまでは狙い球にだけ反応すればいい」と簡単に見逃すわけだ。こういう対応をしたときというのは、残影がまったく残らない。つまり、その球は"見せ球"の意味を成さないのだ。ありがちな失敗例としては「高めの直球を見せてから落ちる変化球（フォークやチェンジアップ）で仕留めたい」と考え、捕手が明らかにボール球だと分かる高めの直球を要求してしまうケース。これでは打者も早めに目を切ってしまうのでまったく反応せず、むしろ「次は低めに投げますよ」と教えているようなものなので、ムダ球になってしまう。そもそも、配球というのは計算通りにはいかないもの。いくらバッテリーが「ここで勝負したい」と考えていても、打者がその通りに反応してくれなければ意味がない。したがって、1球ずつ打者の反応を見ながら選択肢を変えていくことが必要。そして、行き詰まったときには開き直るのか、その投手の一番いい球で勝負するのか、四球を出さない方向に切り替えてストライク重視で考えるのか。そこにバッテリーの技量が問われる。

■ 失敗例3

直球を2球続けてファウルで2ストライクまで追い込み、打者のタイミングがまったく合っていなかったとする。それでも「フルスイングをされていたし、追い込んでいるのだから決め球で勝負だ」と決めつけた結果、スライダーやフォーク、チェンジアップなどの変化球を選択して失敗するケースというのも非常に多い。この場合、たとえば球が高めに浮いていたりすると「コントロールが甘かった」「投げ切れなかった」といった反省で済ませがちだが、速い球に合っていない打者に対して遅い球を投げるのは危険度も高いのであって、これは間違いなく配球の選択ミスだ。「直球を2球続けて意識付けをしたから変化球」「追い込んでいるから変化球」などと、頭の中でイメージが固定されてしまっている人は意外と多いが、どんなカウントであろうとも重要なのは直前の球に打者がどう反応したか。「1球見せたから」「1球振らせたから」というのはあくまでもバッテリーが勝手に作ったイメージ。配球のパターンやカウントにとらわれるのではなく、打者をしっかりと見極めた上で次の球を選択してもらいたい。

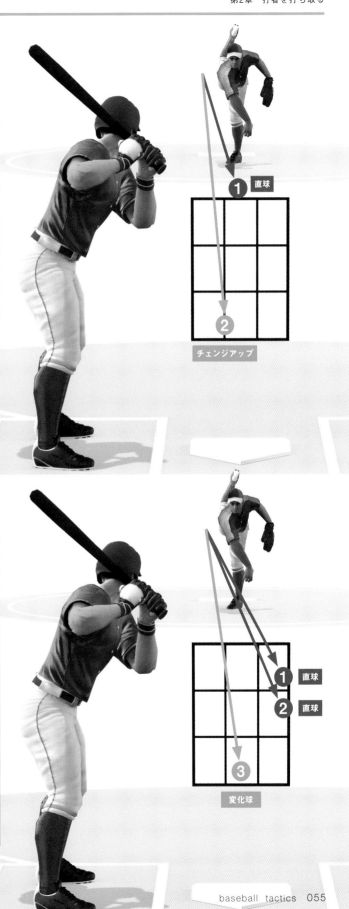

投手の育成を考える際、まず大事にしたいのは直球を磨くことだ。極端に言えば、直球だけで打ち取る練習をするのも良い。内外角のコースや高低、また同じ球でも力の加減を変えるなど、直球を自在に投げ分ける技術を身につけることで投球の質は高まる。一般的にはそれをせず、安易に持ち球を増やそうとするケースも少なくないが、打者との対戦で効果を発揮しない変化球をたくさん持っていても宝の持ち腐れ。1つの球種であってもスピードの差をつけるだけで数種類にできるし、むしろ球種が少ないほうが1つずつにじっくりと時間を割くことができてコントロールできる確率も上がっていく。そのためには当然、練習である程度の球数を投げることも必要。肩の疲労や消耗の度合いを考えることはもちろん大切だが、投げ込んで感覚をつかむことも重要だ。

さて、それを前提とした上で投球の幅を広げるのが変化球だが、ここで考えたいのが、直球に対して一番遅い球として何を投げられるか。最も遅くてブレーキが掛かるカーブであれば最高だが、これは"合う・合わない"があるので人それぞれで見つけてもらいたい。そして一番速い球（直球）と一番遅い変化球に加えて、中間球を持っておくとさらに良い。近年、日本の野球界では速い変化球が主流になっている傾向にあるが、直球と中間球だけではストライクゾーンを立体的に使えず、打者に錯覚を起こさせにくいので、一番遅い球はまず身につけることが大事。プロの世界にも直球と1つの変化球だけで活躍する投手はたくさんいるが、よくよく見てみると1つの球種の中で一番遅い球と中間球を投げるなど、直球も含めて少なくとも3種類、超一流投手であれば5種類以上の球速差を使い分けている。

この3球種をしっかり操ることができれば、十分に高いレベルで試合を組み立てられる。ただ変化球で気をつけてほしいのは、直球と限りなく近い腕の振りができるかどうか。腕の振りが同じといういうことはつまり、リリースポイントが同じだということだ。打者は投手の全体像を見ながら、最後はリリース時の腕の振りを見て球種を判断するもの。変化球を簡単に見極められてしまう投手というのは、リリースポイントのずれや腕の振りのスピード感の違いが表れてしまっている。なお、投手というのは変化球に対して過大評価をする傾向にあり、実際よりも2倍くらい大きな変化をしているような錯覚を持っている人が多い。ただ現実にはそこまで大きく変化していないわけで、打者には意外と簡単に見極められたりする。したがって投手の変化球については、捕手が実際の変化の量や見え方などを教えてあげること。大事なのは大きく曲がったり落ちたりすることではなく、打者からどう見えるか。投手の仕事は良い球を投げることではなく、打者を打ち取ること。そのことを理解した投手は、実戦に強い。

第 **3** 章

投手を攻略する

40

投手を打ち崩すイメージ 来た球を打つ

▶ 直球を待って変化球には粘って対応

第2章でも説明した通り、打者の投球の待ち方は2通りある。来た球に反応して打ちにいくか、それとも狙い球を絞って打ちにいくか。基本的には前者で対応するケースが多いが、バッテリーの配球に分かりやすい傾向やデータがあるとき、あるいは投手の力量が高くて「攻略が難しい」と判断したときなどは、打てる確率をより高めるために後者を選んでいく。

来た球に反応して打ちにいく場合、打者がイメージしておくのは直球だ。速い球（直球）に合わせてタイミングを取っておけば、たとえ遅い球（変化球）が来て体勢を崩されても、何とか粘ってバットを強く振り切れる可能性はある。だが遅い球に合わせていると、それよりも速い球が来た

ときには確実に差し込まれ、詰まって弱い打球になってしまう。基本的に速い球を待っていて遅い球に詰まらされることはないわけで、「変化球は泳いで打っても構わない」と考えておけば良いだろう。そもそもバッテリーは、直球にタイミングを合わせている打者に対して体勢を崩したり目の錯覚を起こさせたりするために変化球を混ぜるのであって、打者からすれば泳がされることを前提とした上で「いかに粘って打てるか」を考えたほうが対応しやすい。体のバランスが"死に体"にさえなっていなければ、片手だろうとバットを当ててヒットゾーンに打球を運んでいくことは可能だ。

変化球というのは、バッテリーが打者に「直球だ」と錯覚させようとしてくるものが多い。ただ、打ちにいく途中で変化球だということが分かったとしても、打てそうな球なのであればそのままスイングしてしまえば良い。狙いとは違う球が来た途端、すぐに「完璧な形で打てないから」とスイング動作をやめてしまう人は多いが、一番速い球と一番遅い球の"中間球"が甘く入った場合などは、少々崩されても強振できればヒットになる可能性は十分にある。そもそも速い球を待っているのだから、遅い球が来たときに多少なりとも崩されるのは当たり前で、そこでもグッと溜めて自分の形で完璧にスイングするというのは非常に難しい。だからこそ、体勢を崩された中でも強く打てるだけのバランスをキープできているかどうかが重要になる。

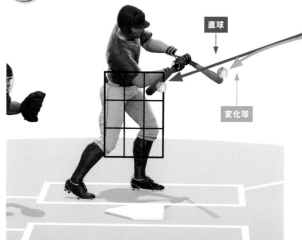

point of view

真横からの視点

変化球　←　直球

直球

変化球

41

投手を打ち崩すイメージ 相手投手のタイプから狙い球を絞る①

● コースで狙う（コントロールの良いタイプ）

　狙い球を絞っていく場合は相手投手のタイプや傾向、自分の特徴や調子、試合展開やアウトカウント、走者の状況などを踏まえて、求めている結果になりやすい球は何かを考える。フリーで打てるのであれば、投手との兼ね合いの中で一番ヒットになりやすい球を選択していく。

　狙い方の１つはコースだ。特にコントロールの良い投手は内外角への投げ分けがきっちりとできているものであり、ストライクゾーンに来る球すべてを追いかけてもなかなかとらえ切れない。ただし、バッテリーの配球には「基本的には外角球で押し続けてくる」とか「１打席の中で１〜２球は内角寄りの球が来る」といった傾向が表れてくる。それに基づき、ゾーンをある程度絞って狙っ

ていけば、ボールをとらえる確率は高めることができる。

　ちなみに「コースを狙う」と言っても、基本的に真ん中付近の甘い球を見逃すのはもったいない。また、外角低めや内角低めのギリギリいっぱいに決まった難しい球などは、そもそもヒットになりにくい。したがって、外角であれば「真ん中から外角までのある程度の高さのゾーン」、内角であれば「真ん中から内角までのある程度の高さのゾーン」をイメージして待ち、直球を狙いながら変化球に対応していく。そして低めの難しい球や逆コースの球は捨てること。それでストライクを取られてしまっても「相手の力量が上なのだから仕方ない」と割り切ることが大切だ。

■ 内角

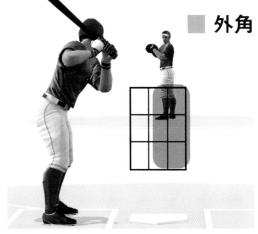

■ 外角

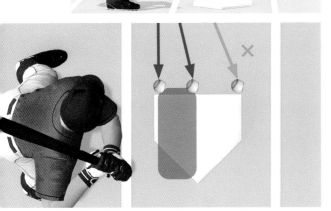

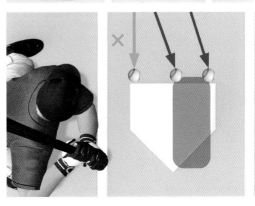

42

▶ 高低で狙う（力で押してくるタイプ）

相手投手が球威そのもので押し込むタイプや縦の角度を武器にするタイプだった場合などは、高めの球から低めの球までをすべてカバーしようとしても打ち崩すのは難しい。したがって、高低で狙いを分けるのも1つの方法だ。

たとえば「要所で低めに良い球がビシッと決まってくる。直球を打ったとしてもヒットにならないし、その軌道から変化するワンバウンドの変化球にも手が出てしまう」とすれば、真ん中から高めまでのゾーンに狙いを絞り、それよりも低い球には最初から手が出ないようにする。また、「高めの速球にどうしても手が出てしまう」のであれ

ば、今度は真ん中から低めまでのゾーンに狙いを絞り、それよりも高い球には最初から手が出ないようにする。「この球を捨てる」という考えだとなかなか頭の中からそのイメージが消せず、逆に体が反応してしまうこともあるので、「高めだけを待つ」「低めだけを待つ」という意識を持つのだ。

こうしておけば、狙っているゾーンの球は積極的に打ちにいくことができ、そこから外れた球は「自分の中ではボール球なんだ」と割り切って見逃すことができる。指導者がよく「ゾーンを上げろ」「ゾーンを下げろ」という指示を出すのは、この考え方のことを意味している。

■ 高め

■ 低め

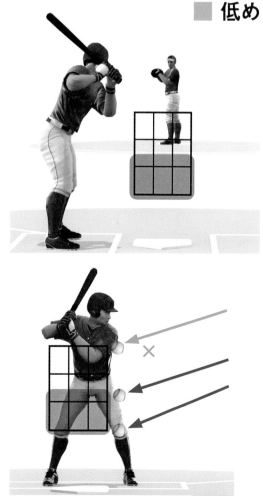

43

投手を打ち崩すイメージ 相手投手のタイプから狙い球を絞る③

◉ **球種で狙う（変化球をよく使うタイプ）**

　球種によって狙い球を絞るという方法もある。ただ高校生以上の投手であれば、直球を含めて試合で使う球種を少なくとも３つは持っているもの。つまり、打者の予想が当たる確率は基本的に３分の１。その球を常に100％狙う意識で打席に入ると、実際にその球が来れば打ちやすくなる一方で、他の球種を打てる確率がグッと低くなってしまう。したがって、たとえばスライダーを予測したとしても「100％スライダーだ」と考えて待つのか、「スライダー70％、直球30％」くらいの感覚で待つのか、「直球とスライダーが50％ずつ」という感覚で待つのか。状況によって意識を使い分けることも重要だ。

　特にトップクラスの投手と対戦するときには、球種を絞ることが効果を発揮するケースも多い。

　たとえば相手がフォークを自在に操れることを持ち味とするタイプで、直球狙いではフォークに対応できなかったとする。それならば、「どうせ１打席の中で必ずフォークを投げてくるんだから、最初から全部フォークを狙ってしまおう」と割り切って臨むのも良い。あるいは相手が直球とスライダーを軸に組み立てて、三振を量産するタイプだとする。ならば「追い込まれてしまったら仕方ない。ただカウントを取りにくるスライダーはコースも球威も甘いから、それは絶対に狙っていこう」。投手が実際に使う確率の高い球種を１つだけ絞って見てみると、１打席の中で２球くらいは投げているもの。そこに照準を合わせていけば、ヒットが出る確率は上がっていく。

一番速いボール

中間球

一番遅いボール

投手を打ち崩すイメージ 相手投手のタイプから狙い球を絞る④

▶ 方向で狙う（相手投手のタイプ＋ケース）

　打者が最初から打つ方向（左右）を決めて打席に入るのも、狙い球の絞り方の1つ。どちらの方向を狙うのかは、相手投手のタイプだけでなく試合中のケースによっても変わってくるものだが、たとえば進塁打が求められる場面で「右方向に打球を飛ばす」というイメージを持って打席に入るだけでも、自然と右方向に打球が行きやすい球を選択するようになる。

　方向を決めて打つときのポイントは、バットの角度だ。バントをする際、あらかじめバットの角

■ **右方向**

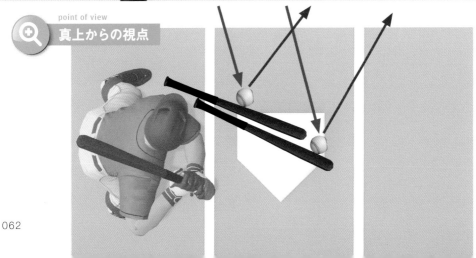

point of view
真上からの視点

度を固定してボールに当てるが、要はその延長として考えれば良い。投球が向かってくる軌道を入射角、打球が飛んでいく軌道を反射角として、バットとボールをどの角度で当てればどう跳ね返っていくのかを考えるのだ。そうすると、当たり前の話だがバットを直角に当てればセンター方向に打球が飛んでいき、バットのヘッドをやや先行させて鋭角に当てれば引っ張り方向、バットのヘッドを残して鈍角に当てれば逆方向に飛んでいくということになる。

　ちなみに右打者が右方向へ打ちやすいのは、真ん中から外角寄りの直球とやや高めに浮いてきた変化球。内角球については、直球だと右方向に持っていくのは高度な技術が必要になるが、やや内角寄りにきた遅い球（変化球）であれば、外角の速い球（直球）を待っている中でも十分に対応できる。この場合、内角直球は最初から捨てて打席に立つわけだが、あまりにも内角を攻められるようであればベースから少し離れて構え、ややクロス気味に踏み込んで打つなどの工夫をすると右方向へ打ちやすくなる。

左方向

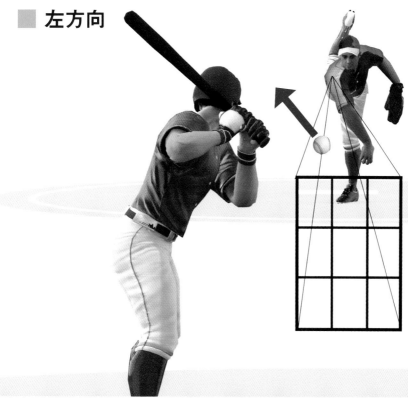

point of view
真上からの視点

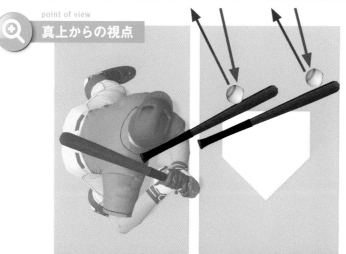

45

投手を見るポイント

▶ 投球が本塁に達する約 0.4 秒のうち
打者は半分の約 0.2 秒までに判断

　好投手に対して「球の出どころが見づらいフォーム」という表現をすることがよくあるが、実際のところ、打者には投手の腕の振りなどがハッキリと見えているわけではない。ではどのあたりを見ているのかと言うと、基本的には投手の全体像をぼんやりと見ながら、集中するのはリリースする瞬間のみ。そして、リリースポイントから出てきたボールの軌道を追いかけて打ちにいくかどうかを判断する。つまり、リリースに至るまでの投手の動作というのは、本来は影響しないものなのだ。

　ところが打者というのは、投球動作が始まると投手の顔から肩のあたりまでの空間と、ボールを持った手の動きの雰囲気も無意識に追いかけ、頭の中でイメージを作ってしまうものでもある。だから「球の出どころが見づらい」と感じるのであって、その投手の投球練習時のイメージ（外から眺めているときのイメージ）と実際に打席に立ったときに見えているイメージ（対戦しているときのイメージ）を重ねることができれば、"出どころの見づらさ"という部分での不安は解消できる。

　さて、打撃というのは投手の全体像からボール

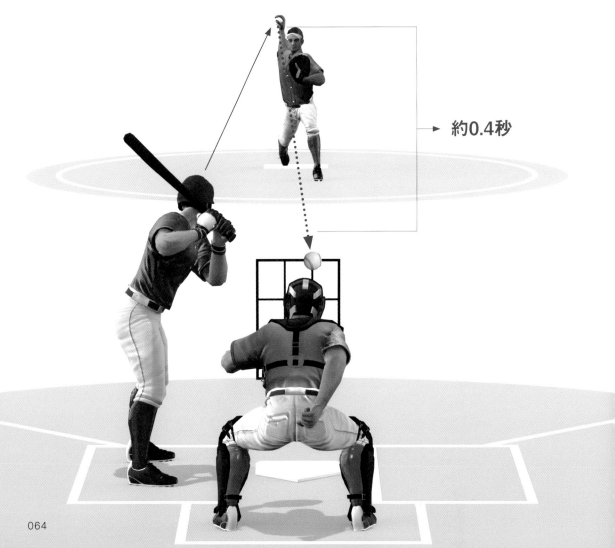

約0.4秒

がどうやって出てくるのかを想像し、出てきたボールをそのまま追いかけるだけなのだが、たとえば直球を待っていて"直球に見せかけた変化球"が来たときには、どこで見極めてバットを止められるかが重要になる。投手の球速がだいたい140ㇰ前後と考えると、リリースから本塁に到達するまでにかかるのは約0.4秒。スイング動作に必要な時間も踏まえると、遅くともリリースしてから約0.2秒までの間に「打ちにいくかどうか」を判断しなければならない。ということは、投手がリリースした球が本塁までの半分くらいの距離に来るまでに見極められるかどうか。良い打者であるほど、約0.2秒の範囲内でもより早い段階で見極められるものであり、だからこそ、いくらキレの鋭い変化球だったとしても"早いタイミングで変化が始まる球"には手を出してくれないのだ。

　いずれにしても、投球をとらえるためには0コ

ンマ数秒の調整が必要。そう考えると対戦する投手の一番速い球、または一番質の良い球を想定しておいて、それよりも遅い球や質の良くない球が来たらすべて打てる、という考え方で練習するのが、最も確率の高い方法だろう。

　なお余談になるが、145ㇰの直球と150ㇰの直球を比べたとき、リリースから本塁までにかかる時間の差は約0.02秒。実は「球速が5ㇰ速い」ということ自体は打者に約0.02秒の誤差を生ませるだけのものであって、タイミングの微調整ができる打者はわりと簡単に対応できるものだ。それでも150ㇰを投げられたほうがいいのはなぜかと言うと、相対する遅い球との球速差がより大きくなるから。バッテリーからすると、速い球を磨くだけではなく、遅い球を持っておくことがいかに重要かということが分かる。

約0.2秒前後

ここまでに
「打ちにいくかどうか」
の判断

▶ バットを直角に当てやすいように
体の面を投球軌道と平行にする

　投球をより正確にとらえるためには「センター返し」が大切だと言われているが、言い換えれば「ボールに対してバットを直角に当てること」。これを基準に考えておくと、タイミングがピッタリ

合ったときには向かってきた方向に対して真っすぐ打ち返すことができ、タイミングが少々ずれたとしてもバットが少し早ければ引っ張った打球、少し遅れれば押っ付けた打球となってフェアゾー

ンに飛んでいきやすい。

　右投手の投球を直角に打つためには、リリースポイントからの角度を考えてやや左側からボールが向かってくる軌道をイメージし、バットがセンターよりも少しだけ左方向に向いた状態でインパクトを迎えれば良い。つまり、ライナーを打つのであればセンターの定位置に真っすぐ打ち返すというよりも、ショートの頭上へ向かってスイングしていくような感じだ。大きなポイントは、体の面を投球方向に対して平行に合わせていくこと。

右打者の場合はスタンスやステップをややオープン気味にするのも良いが、意識しすぎると体の開きが早くなってしまう。要は両肩のラインが投球軌道に沿っていれば体の面も平行に向けられるわけで、トップを作るときに左肩をいかに合わせられるか。外角球は投球の入射角がより厳しくなるため、体の回転が早く始まらないように我慢が必要。イメージを持つだけではなく、自然と体が反応するまで練習していくことが大切だ。

投手との対戦を考える②左打者対右投手

▶ **トップを作るときに右肩を入れて
ショート方向へ向かってスイング**

左打者の場合、右投手の投球はやや左側から体に向かって入り込んでくる軌道になる。これを直角にとらえることを考えれば、右肩をグッと入れてややクローズド気味に踏み込んでいくと打ち返しやすい。ただ左打者というのは右打者と違い、基本的には逆方向に押っ付ける打ち方をしない。その理由としては、野球は左回りのスポーツであり、戦術的にも進塁打を含めて右方向に打つのが

好ましいこと。また左打者は右打者よりも一塁に近く、走ることも意識しながら打てばセーフになりやすいということなどが挙げられる。いかに強く引っ張れるかという部分が、左打者の価値を高めるわけだ。

　そうなるとバッテリーはカーブやスライダーなど、内角に食い込んでいく変化球も重視することになる。引っ張る傾向が強い打者は投球に対してバットのヘッドが外側から追いかけていきやすく、ファウルや空振りを稼げるからだ。中でも内角低

めは「左打者の泣き所」とも言われるように、ヒットにするのはよほど器用に内側からバットを出さなければ難しい。

　左打者はこうした攻められ方を踏まえた上でトップを作るときに右肩を入れ、右方向に引っ張ることを意識しながらもいかに体の面を平行に合わせられるか。体が開きやすくなっているときに指導者がよく「ショートの頭上へ打て」と言うのは、この打ち方を意識しているものだ。

投手との対戦を考える③右打者対左投手

▶ **トップを作るときに左肩を入れて
セカンド方向へ向かってスイング**

　一般的に打者の多くは右投手を想定して練習を積んでいるもの。打席に立ったときも自然と右投手に合わせて、やや左側からボールが向かってくる軌道をイメージしている。これに対して、左投手の投球軌道は真逆。左目側からボールが見やすかったものが、今度は右目側から見やすくなる。同じ感覚でスイングしても直角には当たりにくいわけで、ミスショットが増えるのも当然だ。また、

そもそも左投手にはフォーム自体が打ちにくいタイプもわりと多い。鏡に映して反転させてみると分かりやすく、右投手と比べてヒジの使い方や体の動きがぎこちないケースが多いのだ。つまり、「左投手だから打ちにくい」のではなく「左投手には変則タイプが多い」ということ。それを頭に入れておいて、変則投手に対してタイミングを合わせる練習もしておくと良いだろう。

　右打者が左投手と対戦する場合は先述の「左打者対右投手」と同じく、内角に食い込んでくる軌道を生かした配球が多くなる。たとえば外角を意

識させておいて、内角に角度をつけた直球、いわゆるクロスファイアで詰まらせるというのもよくあるケースだ。さらに体の前で強くさばかれることを嫌がり、タイミングを外そうとして緩い球や縦に落ちる球を使ってくることも多い。右打者はこれを踏まえ、左肩を入れてやや踏み込み気味にステップし、体の面と投球軌道を平行にした状態で打っていきたい。ライナーであれば、セカンドの頭上あたりをイメージしてスイングしていくとちょうど良いだろう。

49 投手との対戦を考える④左打者対左投手

> **右ヒザを開かないようにしながら**
> **ややオープン気味に打っていく**

　いわゆる「左対左」は投手が完全に有利だと思われているが、そうとは限らない。左投手の中にも、あまり角度をつけてこないタイプやタイミングが取りやすいフォームで投げるタイプもいる。

　また右打者の内角だと相手の体を目掛けて投げればいいが、左打者の外角だと距離感がつかめず投げにくいというタイプもいる。そして、左投手を苦にしない左打者もいる。

ただ、①②③よりも難しいのは確かだ。左打者は先述のように引っ張るイメージが頭や体に染み付いているため、右方向へ打ちやすい真ん中から内角寄りの球には反応しやすい。それを見据えたバッテリーは打者から遠い外角球や外へ逃げていく変化球を中心に攻めてくる。その球が来るのを待ち切れず、どうしても体を早めに回転させて打ってしまうケースは非常に多い。だからと言って、右肩を閉じて投球をできるだけ引きつけて左方向へ打とうとするのも、角度が大きくずれるので本末転倒。またヘッドもしっかり返せず、こすったような三塁側へのファウルになりやすい。

対策としてはやはり、右肩が早めに開かないようにしながらも体の角度を調節し、ややオープン気味に踏み出して体の面を投球軌道と平行にすること。バットを直角に当てやすくすることで、投球をとらえる確率は高められる。また外角が打ちにくくならないように、軸足を通常よりも少しベースに近づけておくと良い。スタンスやステップをオープン気味にすると体が開いてしまうイメージを持つかもしれないが、踏み込んだ右足のヒザが開かなければ腰や肩の回転は始まらず、上体を残して打つことができる。

50

投手との対戦を考える⑤サイドスロー

▶ 外角ギリギリの球は意識せず
体の面の角度を合わせて打つ

　サイドスローの投手の大きな特徴はコーナーワーク。左右の幅を広く使えるため、オーバースロー以上に鋭い角度でボールが向かってくる。した

がって右打者であれば、右サイドに対しては右オーバーのときよりも体の面をよりオープン気味に、左サイドに対しては左オーバーのときよりも体の

〔右投手〕

オープン気味

クローズド気味

〔左投手〕

クローズド気味

オープン気味

面をよりクローズド気味にして打ちにいく（左打者の場合は右サイドに対してクローズド気味、左サイドに対してオープン気味に打つ）。そうすることで、バットとボールを直角に当てやすくなる。

　さらに注意点がもう1つ。「右対右」や「左対左」の場合は外角を意識しないこと。と言うのも、右サイドの投手が投げる右打者への外角球、あるいは左サイドの投手が投げる左打者への外角球というのは、最も角度がつくところ。特に外角ギリギリの球はベースの角をかすって遠くへ逃げてい

くので、打ち返すのが難しい。また、そこに目線を置いて直角にバットを出すことをイメージしていると、相当強めに引っ張る意識を持つことになり、逆に内角球が来たときはかなり苦しい打ち方になってしまう。だから外角を狙って体をオープン気味に向けるのではなく、あくまでも目線だけをオープン気味にしておくこと。そうやって臨めば、通常のオーバースローのときの感覚に近づけることができる。

〔右投手〕

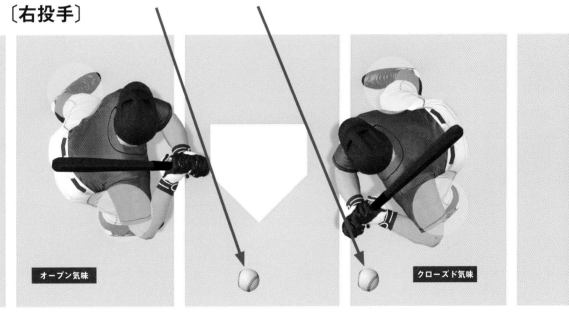

オープン気味　　　　クローズド気味

〔左投手〕

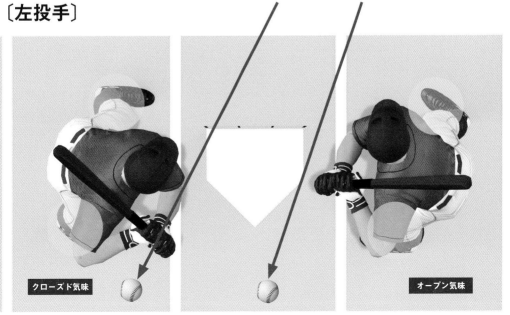

クローズド気味　　　　オープン気味

投手との対戦を考える⑥アンダースロー

やや早めにタイミングを取り 投球を上から見下ろす感覚

よく「サブマリン（潜水艦）」と形容されることでも分かるように、アンダースローの投手と対戦するときは基本的にボールが下から浮き上がってくるように見える。その軌道に目が慣れている打者というのは、なかなかいないもの。だからこそ、130㌔台のストレートでも140㌔台のストレートのように速く感じ、思わず差し込まれてしまう。そしてもちろん、変化球に対してもタイミングが合わせにくい。

　アンダースローへの対策としては、ボールがどういう軌道で浮き上がってくるのか、イメージをしっかりと持つことが大切だ。さらにオーバースローと比べて、ボールが少し体の近くに見えるということを理解しておくこと。その上で通常よりもやや早めにタイミングを取って投球を待つ。ま

た、投球軌道に対するイメージを作るために少しアゴを引いて目線の角度を下げ、やや上からボールを見下ろすようにする。そうすれば浮き上がってくるイメージのボールを見やすくなり、見慣れていないということがあまり苦にならなくなる。

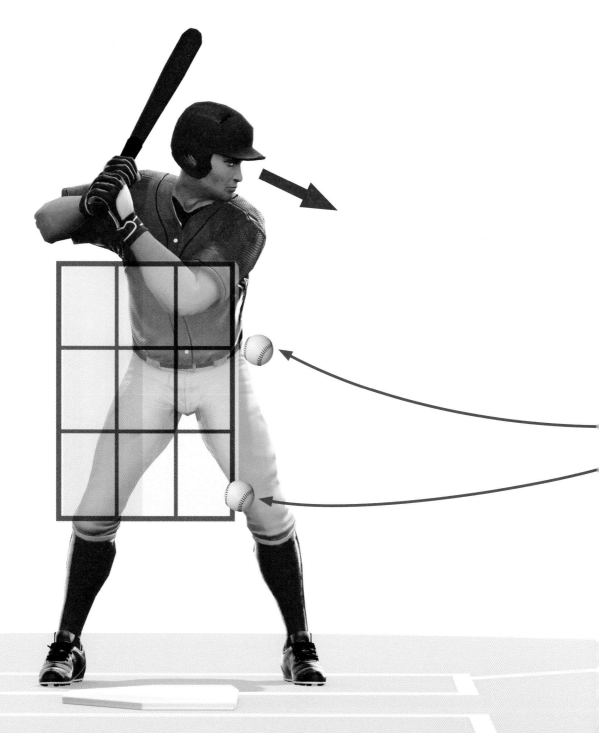

投手との対戦を考える⑦特殊なタイプ

▶ データから狙い球を絞って
「いずれは来る」と割り切る

投手の中にはボールの出どころが見づらい、タイミングが取りづらいなどの特殊なタイプもいる。打者は投手のフォームをぼんやりと見ながらリリースに集中していくものだが、変則的な投手だと全体の動きからでは肝心のリリースのイメージが湧かず、腕が突然バッと出てくる感覚になってしまう。

そういう投手に対しては、データを元にして狙い球を絞っておくのが得策だ。たとえば、全体的にストライクゾーンに来る球はどの球種が多いのか。あるいはカウントを取る球、次の球を生かすための見せ球、追い込んでからの決め球はそれぞれどんな球種が多いのか。さらに「制球力が良く

て７割くらいは低めに来る」「内角には３割、外角には７割」などと、高低やコースの傾向も出しておくと良い。投げてくる確率の高い球を狙い、あらかじめその軌道をイメージしておけば、余計なことを考えずに思い切ってスイングできる。この場合、指導者は「とにかくこの球だけ待てばいい。一度もそこに来なくて見逃し三振でも、指示を出した自分の責任だからな」と、選手を前向きに送り出してあげること。いざ打席に立つと迷いが生まれてしまう打者も多いので、「結果的に見ればこの球が一番多いんだからいつかは必ず来るんだ」と、頭の中で割り切って考えさせることが大切だ。

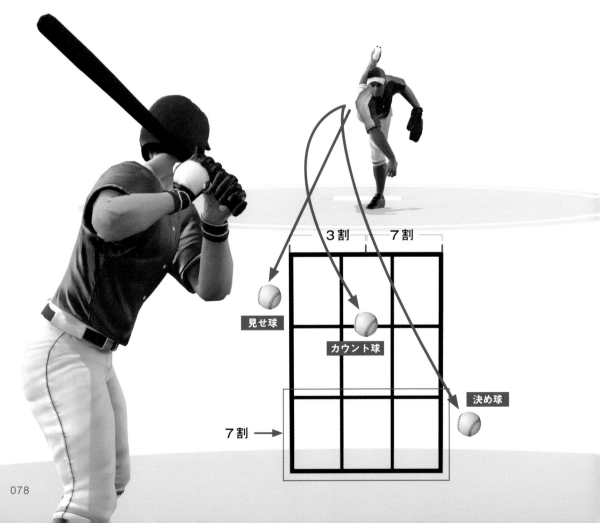

53

投手との対戦を考える⑧快速タイプ

▶ 打つポイントを前に置いて タイミングの取り方を早める

　スピードが速い投手と対戦するとき、あるいは打席に立って「思っていたよりも速いな」と感じたときなどは、打つポイントをボール１〜２つ分、前にするイメージを持っていこう。この微調整というのは０コンマ数秒の反応の話であり、練習して身につけられるものではないため、打席の中で体感しながら対応していくしかない。指導者が選手にアドバイスをする場合は、「前で打つ」という表現だと腕だけを少し前に出すイメージを持たれてしまいやすいため、「前でさばく」という表現が良いだろう。そうすれば、全身を使ってスイングしながら打つポイントを前にするというイメージが生まれる。

　それともう１つ大事なのは、タイミングの取り方を通常よりも少し早めにすること。相手が「スピードは速いけどキレはそうでもない」という投手の場合は、そのスピード感に慣れてタイミングさえつかんでしまえば意外と簡単に打てたりもする。打撃マシンでスピードボールを設定してタイミングを取る練習をしたり、試合の序盤に「追い込まれるまではバットを振らなくていい」と指示を出して体や目を慣れさせたりするのも有効だ。

前でさばく

54 打つポイントのイメージ

▶ 「前」「後ろ」を意識しすぎず
やや斜めのラインをイメージ

打撃ではボールとの距離感をつかみながらバットを出していき、力がスムーズに伝わるポイントで打つ、つまり腕が伸びた状態でボールをとらえるのが理想。したがってヒッティングポイントは、コースで言えば内角になるほど前（投手寄り）でボールをとらえ、外角になるほど後ろ（捕手寄り）でボールをとらえる。また高低で言えば、高めになるほど前でとらえ、低めになるほど後ろでとらえるのが基本となる。

ただし、決して「前でとらえよう」「後ろに引きつけよう」などと強く意識する必要はない。と言うのもスイング動作の中には肩やヒジ、手首など支点となる部分がいくつもあるが、最終的に腕を伸ばした状態で打つのであれば、どうやって振ったとしても基本的に体の軸からバットの芯までの距離は変わらないもの。そしてストライク投球

は本塁ベース上を必ず通るわけで、外角と内角、高めと低めは打つポイントが違うと言っても、現実的にはわずかな誤差しかないのだ。その微妙な距離のバットコントロールが難しいのだが、重要なのは目の錯覚も踏まえた上でいかに正確にタイミングを合わせられるか。ヒッティングポイントについては、内角高めを打つポイント（最も前で打つとき）と外角低めを打つポイント（最も後ろで打つとき）を結んだ少し斜めのラインをイメージするくらいでちょうど良いだろう。

ちなみに打者へのアドバイスとして「体の近くまで呼び込め」という言葉をよく耳にするが、これはあくまでも打者が泳いで体勢を崩されてしまわないようにするための修正法。窮屈な打撃になっては意味がないので注意しよう。

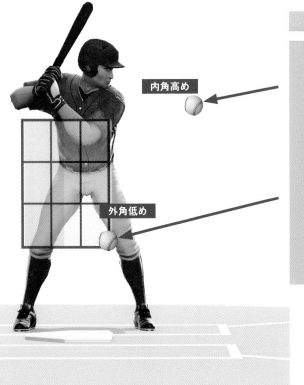

内角高め

外角低め

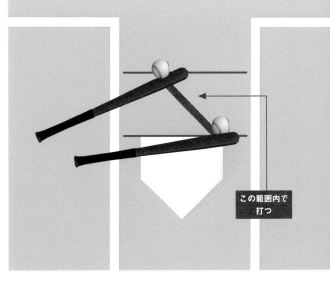

この範囲内で打つ

■ 1:「ど真ん中」に合わせて、センター返しを基準にする

〔ど真ん中の球をセンター方向に返す〕

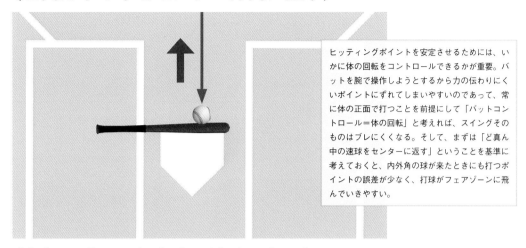

ヒッティングポイントを安定させるためには、いかに体の回転をコントロールできるかが重要。バットを腕で操作しようとするから力の伝わりにくいポイントにずれてしまいやすいのであって、常に体の正面で打つことを前提にして「バットコントロール＝体の回転」と考えれば、スイングそのものはブレにくくなる。そして、まずは「ど真ん中の速球をセンターに返す」ということを基準に考えておくと、内外角の球が来たときにも打つポイントの誤差が少なく、打球がフェアゾーンに飛んでいきやすい。

〔内角の球は回転を少し速めて打つ〕

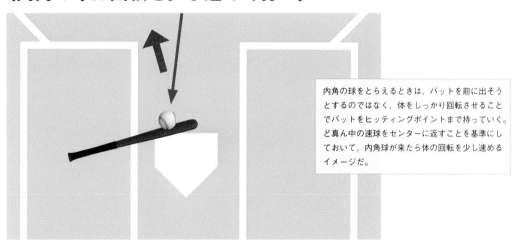

内角の球をとらえるときは、バットを前に出そうとするのではなく、体をしっかり回転させることでバットをヒッティングポイントまで持っていく。ど真ん中の速球をセンターに返すことを基準にしておいて、内角球が来たら体の回転を少し速めるイメージだ。

〔外角の球は回転を少し我慢してから打つ〕

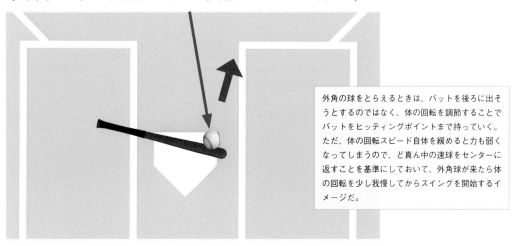

外角の球をとらえるときは、バットを後ろに出そうとするのではなく、体の回転を調節することでバットをヒッティングポイントまで持っていく。ただ、体の回転スピード自体を緩めると力も弱くなってしまうので、ど真ん中の速球をセンターに返すことを基準にしておいて、外角球が来たら体の回転を少し我慢してからスイングを開始するイメージだ。

■ 2:「内角高め」に合わせて、外角や低めは回転を我慢する

前ページの「ど真ん中の速球をセンターに返すことを基準にする」というのは、自分のイメージと真逆の球が来たら極端に打ちにくくなってしまうことを想定し、平均を取った考え方だ。あくまでも一般的に誤差が少なくて済む方法であり、ボールの待ち方は人それぞれだ。たとえば、最もスピードが速くて前でとらえなければならない「内角高めの速球」を基準にしておいて、外角や低めの速球、あるいは変化球が来たら回転を我慢して対応するというスタイルもある。ただ右打者で言うと、内角高めをレフト方向に大きく引っ張るという意識があると体の開きが早くなってしまうので、自分の得意な方向を踏まえて左中間～右中間あたりのイメージを持っておくのが良いだろう。

3：「外角低め」に合わせて、内角や高めは回転を鋭くする

先ほどとは逆に「外角低めの速球」を基準にするスタイルもある。この場合、変化球に対しては回転をやや我慢する一方で、内角や高めの速球が来たときには回転スピードを速めて対応する。「体を回転させる」というよりも「ヒップターンをする」という感覚が良いだろう。お尻が鋭く回れば腰から上の部分の動きのスピードも上がる。それでいて両肩の回転はまだ我慢できるので、体の開きを誘発することも少なくなる。ただ右打者で言うと、外角低めをライト方向に押っ付ける意識があまりにも強いと、内側に入ってきた球をさばきにくくなってしまうこともある。したがって、これも自分の得意な方向を踏まえながら右中間～左中間あたりのイメージを持っておくのが良い。

55 スタンスを変える

> 狙い球や得意な球を踏まえて
> 打席内での構え方を変える

■ 1：本塁ベースに近づく

打撃の確率を高めるためには、打席の中で投手に合わせた工夫もしていきたい。たとえば速球に対応するためにバットを短く持ったり、足を上げるタイミングを早くしたり、すり足で着地を早めにしたり…。あるいはステップの歩幅を狭くする、スイングの力を80％程度に抑える代わりにややミートを重視するなど、自分なりに変えられるポイントはいくつもある。その中でも分かりやすい方法がスタンスを変えること。本塁ベースに近づいて立つ場合は死球の可能性がより高まることで、まず投手に内角へ投げにくくさせることができる。また自分の中でのストライクゾーンの感覚が外角寄りに移動するので、最も来る頻度が高いと思われる外角球がど真ん中を打つ感覚に近づいて甘い球となり、とらえる確率を高めることができる。一方で内角球をさばきにくくなるというデメリットもあるため、もともと打者が内角をあまり苦にしないタイプか、もしくは内角を捨てて外角1本に絞るケースで行うことが多い。

■ 2：本塁ベースから遠ざかる

逆に本塁ベースから遠ざかって立つ場合は、打者がもともと外角球を苦にしないタイプで、内角球をさばきやすくしているケースが多い。自分の中でのストライクゾーンの感覚が内角寄りに移動し、内角球がど真ん中を打つときの感覚に近づいて甘い球となり、とらえる確率を高めることができる。一方で外角までの距離が遠くなるというデメリットはあり、相手バッテリーからすれば外角中心の配球を考えるところだが、あらかじめ本塁ベースから離れておきながら外角球を狙って思い切り踏み込むなど、駆け引きに利用すれば良いだろう。そもそも打者は外角球の見極めを得意としているわけで、バッテリーは安易に外角一辺倒を選択するわけにもいかない状況。だからと言って内角への見せ球で打者に反応させるとしても、本塁ベースから離れている分、通常の感覚で内角球を投げるのは危険。したがって明らかなボール球を投げるしかなく、打者からすれば相手に「何を狙っているんだろう」と考えさせることができるのだ。

■ 3：投手寄りに立つ

打席の中で投手寄りの位置に立つというのは、投球が本塁ベースを通過する前に打ってしまうということ。メリットとしては変化球が曲がり切る前や落ち切る前、つまり変化が小さいうちに打つことができるため、バットでとらえる難易度が下がる。また前に出ている分、打球もフェアゾーンへ飛びやすい。一方で投手との距離を自ら縮めていくため、直球に対してはより速く感じるということも頭に入れておこう。

■ 4：捕手寄りに立つ

打席の中で捕手寄りの位置に立つ場合は、投手との距離を長く取ることになる。投球の軌道を長く見られるため、ストライクかボール球か、またどう動いて捕手のミットに到達するのかをギリギリまで見極めてから打ちにいけるのがメリットだ。また、体感スピードも投手寄りに立ったときほどではない。ただし変化球を打つ場合は、より大きな変化に対応しなければならない。

■ 5：オープンスタンスで立つ

打席で両足の位置を結んだとき、投手寄りの足が外側へ開いている状態が「オープンスタンス」。こうすることで投手に上体を向けやすくなるため、投球が見やすくなるというメリットがある。一方で体の回転をしやすくするフォームでもあり、早めに開いてしまうことには注意しなければならない。ただ、下半身がオープンスタンスであっても上半身が開かなければ良いわけで、ポイントは投手寄りのヒザ。これを開かなければ腰の回転が始まらず、投手寄りの肩を残して打ちにいくことができる。

■ 6：クローズドスタンスで立つ

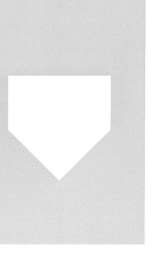

打席で両足の位置を結んだとき、投手寄りの足が内側へ入っている状態が「クローズドスタンス」。あらかじめ体を閉じた形で構えるため、早めに開いてしまうのを抑えられるのがメリットだ。また逆方向に対して強く打つイメージも湧きやすく、特に外角球の出し入れを中心に配球をすることが多いメジャーリーグなどでは、クローズドスタンスを取っている打者もわりと多い。ただ上体を閉じている分、通常よりも投球が見づらくなることと、バットを出しにくくなることは頭に入れておきたい。

56 変化球を打つ

▶ 軌道イメージを理解した上で
本塁ベースを通過する球だけ打つ

変化球を打つときはボールがどういう軌道を描いてくるのか、イメージを持つことが大切。どんな変化をしてきたところで本塁ベース上を通過する球だけ打てば良いわけで、ストライクゾーンを空間でとらえておいて投球の軌道さえイメージできていれば、とらえるのはそう難しくない。基本的に「本塁ベースの投手寄りのラインに来たところでとらえる」という感覚を持っていれば良いだろう。

カーブなどのブレーキング系の球種は、いったん直球とは違う軌道に外れてから変化してくることが多い。したがって、ボールの軌道をずっと追いかけるというよりは、最終的に落ちてきたとこ

ろにポンとバットを出して拾えればいいんだと考えておく。また落ちてくる軌道に対してできるだけ平行、つまりややアッパースイング気味に打てばいい。さらに重要なのは、上手な楕円を描くようにスイングできるかどうか。単純にすくい上げるのではなく、前に大きく腕が伸びていくようにしてスイングの弧を大きくしたい。感覚的にはボールをとらえた後、手首でさらにバットをグッと前へ押し出してから返していくようなイメージ。ヒザの粘りなども大きな要素ではあるが、このスイングができる打者は変化球を前でさばいて上手く拾うことができる。

■ 1：ブレーキング系

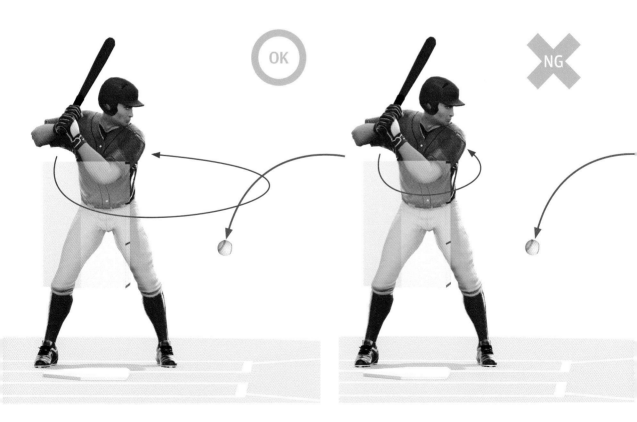

線でとらえるスイング軌道

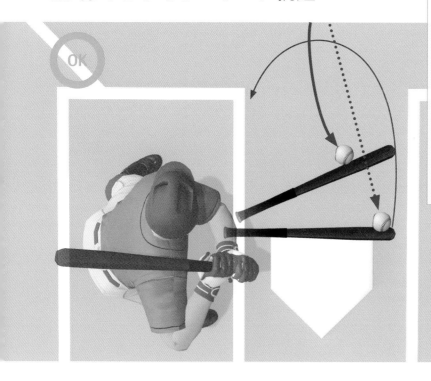

楕円を描くスイングの大切さは、バットのヘッドの軌道を真上からイメージしてみると分かりやすい。バットを本塁ベースのラインと平行に出して直球をセンターに返すことを基準とすると、変化球はそれよりも少し前でさばくことになる。このとき、その場ですぐに手首がクルッと返ってヘッドが単なる円を描いて収まるのではなく、投手方向にグッと大きく伸びてから収まっていけば、ボールをとらえるポイントに前後の幅が生まれる。ボールを「線」でとらえることができるため、泳がされたとしてもしっかり拾えるのだ。

点でとらえるスイング軌道

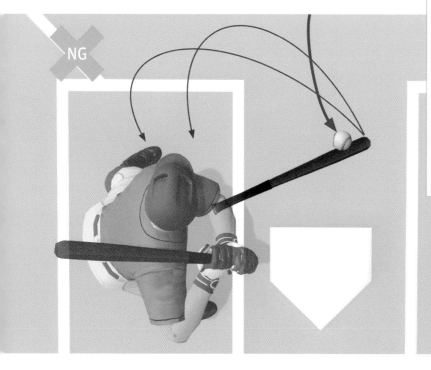

長打力がありながらも変化球に対して簡単に空振りをしてしまう打者はわりと多いが、その原因は「線」ではなく「点」でとらえるスイング軌道になっているから。打球を引っ張る傾向が強いとヘッドの軌道も引っ張った方向への円を描きやすく、体を回転させてバットが伸びていったポイントの一点でしかボールを強くとらえられない。当然、変化球でタイミングを外されたときに粘って前でさばくことは難しくなるのだ。そしてインパクト直後に手首がすぐ返ってしまうため、引っ掛けた打球も多くなる。

■ 2：カット系

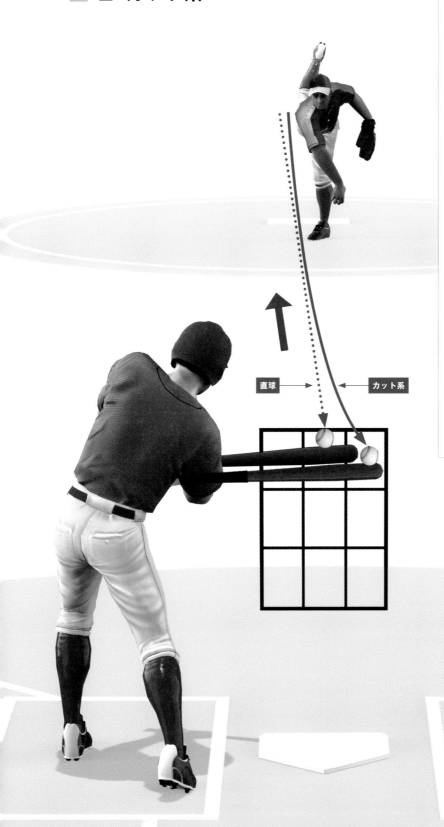

直球 ← → カット系

カット系の球種は直球と腕の振りが近いため、どこからどうやって変化してくるのか判断しにくい。体に向かって食い込んでくるのか、体から逃げていくのか、もしくは少し落ちていくのか。そして変化の大小もさまざまだ。ただ、これらの球種に対しては軌道のイメージを強く持ちすぎると逆効果になりやすい。たとえば変化が始まった瞬間に体から逃げていくスライダーをイメージしていた場合、逆に食い込んでくるシュートだったとしたらより打ちにくくなってしまう。また、打てないと考えて簡単に見逃すことも増えてくるだろう。では、どうすれば良いのか。メジャーリーガーなどはカット系を得意にしている印象があるが、彼らはそもそもカット系の球種の軌道を細かくイメージしているわけではない。タイミングを合わせて打ちにいき、変化しても体の反応で何とかしようとしている。つまり、左右に動こうが下に落ちようが、変化が不十分でそのまま真っすぐ来ようが、途中の軌道などは関係なく、打ちにいって「合ったからそのまま打つ」「合わなかったから打つのをやめる」の2択。要は、変に細かく意識して完璧に見極めようとするからより苦しくなるのであって、基本的には「ストレートが動いてきた」くらいの感覚で本塁ベース上を通過する球を振ればいいのだ。

■ 3：チェンジアップ系

チェンジアップ系というのは、バッテリーからすれば「直球だ」と思わせてタイミングを外し、できればボール球を振らせたい球種。となると、逆に打者目線で考えれば、低め寄りの直球の軌道から変化するボール球に対して、いかに手を出さないようにするかがポイント。また球速が遅くて球の力自体はあまりないため、真ん中付近に甘く入ってくるチェンジアップ系については、打てばヒットや長打になる確率が高い。したがって、直球とチェンジアップ系のコンビネーションに対応したい場合はストライクゾーンの高めに目線を持っていき、難しい低めのゾーンに対しては「直球が来たら仕方ない」と割り切って最初から捨てておく。そして、直球だと思って振りにいきながらチェンジアップ系でタイミングを外されたときには、いかにバットを前に出して粘れるか。そういう意識を持つだけで、とらえる確率を上げることができる。バッテリーの心理を考えると、2ストライクまで追い込んでいながら、空振りを取りたいチェンジアップやフォークなどを見極められたり、またファウルで粘られたりするのはすごく嫌なイメージが残るもの。だから、打者側は「タイミングを外されてしまった」「手を出してしまった」と考えるのではなく、「ファウルにできて良かった」などと前向きにとらえて良い。

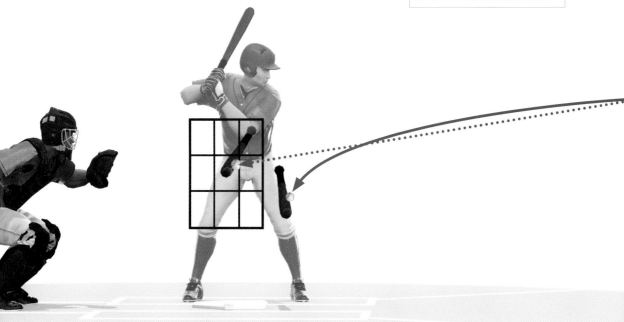

57

攻撃の戦術①犠打（送りバント）

▶ **投球の勢いをしっかりと殺し
左右に角度をつけて転がす**

　ここからは攻撃の戦術を紹介していこう。それ
ぞれの意図をしっかりと理解しておくことが大切
だ。

　走者一塁や二塁、一・二塁では犠打を選択する
ケースがよくある。その理由は「とりあえず走者
を確実に進めたい」「次の打者がヒットを打ちや
すいのでチャンスを作りたい」「バッテリーに少
しでもプレッシャーを与えたい」の3つが挙げら
れる。特に1～2点で勝負が決まりそうな緊迫し
た試合の場合は、走者が先の塁へ進むだけでも心
理的に優位に立てるため、犠打を積み重ねること
はかなり有効だろう。ただ、相手側に「多少は失
点しても取り返せる」という余裕がある場合は、
犠打で走者を進めてもプレッシャーを与える効果
は薄い。投手力や守備力に自信があってこそ、大
きく生きる戦術と言える。

　バントをする際は、打球の勢いが強すぎると投
手、あまりにも弱すぎると捕手にすばやく処理さ
れて、走者を先の塁へ送れなくなってしまう。し
たがって投球の勢いを殺しながらも、左右にある
程度の角度をつけることが大切。ただし投手のフ
ィールディングがあまり良くないのであれば、投
手の前でも構わない。また走者一塁なら三塁手、
走者二塁や一・二塁なら一塁手が大きくチャージ
をかけてくるため、それとは逆の方向を狙うと成
功率が高まる。一・三塁手がともにチャージする
シフトを仕掛けてくる可能性もあるが、バントで
本当に勢いを殺せるなら犠打の成功は可能。それ
が難しい場合はバスターに切り替えればいい。

58 攻撃の戦術②バスター

**▶ バントシフトを仕掛けられたら
空いたスペースを狙って打つ**

バントの構えからいったんバットを引いてヒッティングに切り替えるのがバスター。これは何も相手をかく乱しようとしているわけではなく、相手の内野陣がバントシフトを仕掛けてきた場合に備えた対策。犠打で走者を確実に送りたいけれども一塁手や三塁手が大きく出てきたため、仕方なく打つという戦術だ。内野手がバントに備えて前に出てきていないのにもかかわらずバスターをするのでは、普通のヒッティングと何ら変わりない。

打者の鉄則としては、内野手が前に出てきたことによって空いたスペースを狙うこと。一塁手が前に出てきたのであれば一塁側、三塁手が前に出てきたのであれば三塁側にゴロを転がすのが基本

だ。さらに言うと、このときには二塁手が一塁ベースカバー、遊撃手が二塁ベースカバーに入るため、三遊間がガラ空きとなる。だからこそショートゴロを打つのが最善で、それを目指すのが難しいのであれば最悪でもセカンドゴロを打ちたい。

なお近年は犠打のサインが出た際、最初からバントの構えで固定してしまう打者が多いが、これだとバントシフトに対応できない。バスターにも移行できてそのままバントもできるという体勢であれば守備側に対する駆け引きもできるので、ぜひ身につけてもらいたい。またバットを引くのが早すぎると相手に悟られてしまうので、バントからバスターに切り替えるタイミングも重要になる。

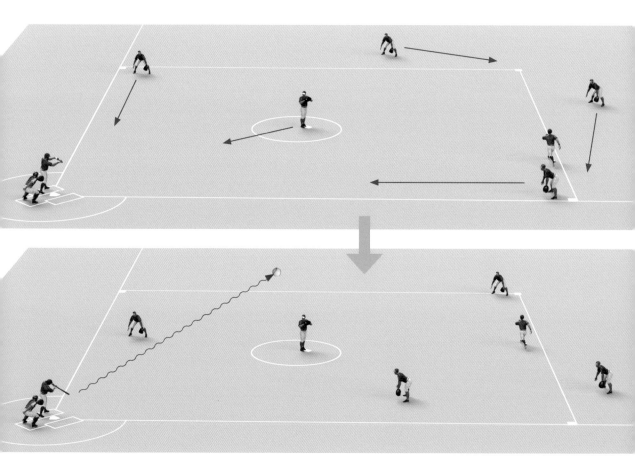

59 攻撃の戦術③セーフティーバント

ライン際に転がすだけではなく ニゴロや遊ゴロのイメージでも良い

　自らもセーフになろうとするセーフティーバントは、相手守備の意表を突いてかく乱することができる。ただ、早めにバントの構えを見せてしまうと相手にすばやく悟られてしまうため、動き出すタイミングには注意したい。またバントを決めるときには「"動"から"動"」が良いのか、それとも「"静"から"動"」が良いのか。自分にとってバントがしやすい構え方を、普段から練習の中で見極めておくことも必要だ。

　セーフティーバントの種類としては、三塁側に転がす一般的なセーフティーバントのほか、右打者が一塁側に押し込んでいくプッシュバント、左打者が走りながら一塁側に引きずっていくドラッグバントなどがある。守備側がフェアかファウルかを判断しにくく時間を稼ぎやすいライン際に転がすのはもちろん「良いセーフティーバント」の1つだが、バスターと同様に空いたスペースにゴロを転がすのも効果的。三塁側であれば投手がマウンドを降りてくることも踏まえ、ショートゴロをイメージして三塁手との中間のスペースへ強めに転がす。あるいは、一塁側であれば打球処理や一塁ベースカバーの判断をしにくくさせるため、セカンドゴロをイメージして投手と一塁手と二塁手のちょうど間のスペースに転がす。相手の盲点を突いていくという発想が重要だ。

60

攻撃の戦術④エンドラン

▶ チームとしての考え方を理解して
打者は内野手の間を狙っていく

走者がスタートを切り、打者がすべての投球を打ちにいくエンドランは奇襲作戦の1つ。その目的はいくつかあるので、チームの方針をしっかりと理解しておこう。

たとえば「ゴロを狙うエンドラン」ならば、確実にゴロを転がして走者を進めることを意識しつつ、飛んだ場所が良ければヒットという考え方。したがって普段からとにかくバットの芯に当ててゴロを打つ練習をしておいて、打席ではとにかくバットに当てて転がすことに集中すれば良い。「ヒットを狙うエンドラン」では打者が強いスイングで鋭い打球を打ち、ヒットが決まれば一気にチャンス拡大。逆に空振りして走者が盗塁失敗に終わったりライナーで重殺になったりしても、仕

方ないと割り切るという考え方だ。さらに「走者に積極性を促すエンドラン」は、やや遅れ気味でも走者がスタートを切ることで、打球を見ながら勢いよく先の塁を奪っていく。また走塁が上手い走者であれば、盗塁とまったく同じようにすばやくスタートを切り、打者が空振りしても盗塁成功を狙えるようにしておくと良い。「打者に積極性を促すエンドラン」は、弱気な打者や慎重すぎる打者に対してバットを振らざるを得ない状況を作るもの。他には、あわよくば相手のミスまで誘おうとする「バスターエンドラン」、走者の足が遅かったりバントシフトを仕掛けられたりしたときに犠打の成功率を高める「バントエンドラン」もある。

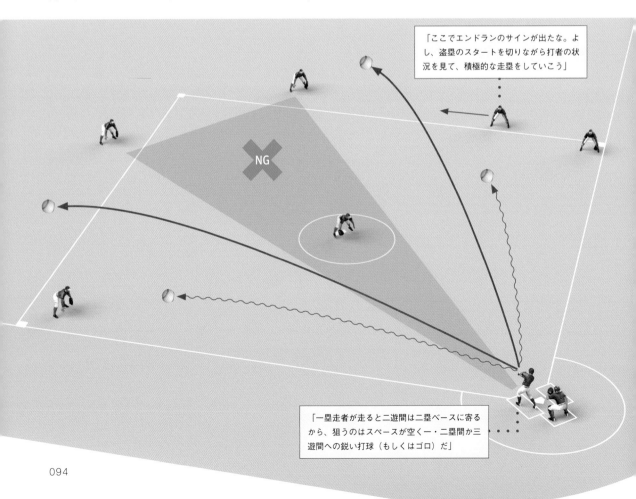

「ここでエンドランのサインが出たな。よし、盗塁のスタートを切りながら打者の状況を見て、積極的な走塁をしていこう」

NG

「一塁走者が走ると二遊間は二塁ベースに寄るから、狙うのはスペースが空く一・二塁間か三遊間への鋭い打球（もしくはゴロ）だ」

61

攻撃の戦術⑤進塁打

自らが犠牲になるつもりで角度を固定してバットを出す

打者が一・二塁間にゴロを打てるかどうか、いわゆる右方向への進塁打というのはどんなケースにおいても重要な技術だ。たとえば走者一塁なら一塁手がベースに就いて一・二塁間にスペースが空くため、ヒットの可能性が高まる。また走者二塁や走者三塁であれば、右投げの二塁手が左側に追いかけながら右側に体を入れて投げなければならないため、走者は進塁しやすい。

特に右打者で言うと、右方向へ打つことを決めたときには、あわよくばヒットを狙おうなどとは考えないこと。ボテボテの打球になろうが詰まらされてバットが折れようが、体の近くまで引きつけて打って、とにかく右方向に転がれば良いのだ。強い打球を打とうとさえしなければ、右打ちというのは練習をすれば誰でも身につけられるもの。バントと違って2ストライクからファウルを打ってもやり直しができるため、特に「自分は犠牲になってもいいんだ」と割り切って右打ちに徹していると、バッテリーに対して「粘り強くて嫌な打者」という印象を与えることもできる。

右打者対左投手のケース

右方向への進塁打を打つためには、投球が向かってくる軌道を踏まえながらバットの角度を決めて出せば良い。左打者の場合はもともと強く引っ張るイメージを抱きやすいため、特別な意識をする必要はないかもしれないが、投球軌道に対してヘッドが先に出れば引っ張った打球になりやすい。逆に右打者の場合は投球軌道に対してヘッドが遅れている状態を作ればいいのであって、一塁側バントの延長のような感覚でバットの角度を固定してボールをとらえることを考えれば良い。

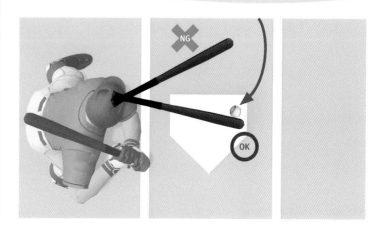

62

攻撃の戦術⑥盗塁 (二盗)

▶ 二塁到達 3.4 秒以内を目指して スピード・スタート・リードを磨く

　盗塁は得点できる確率を増やすためにできるだけ先の塁を奪おうとするものだが、アウトになる可能性も十分にある。連打を期待できるのならヒッティングを続ければいいわけで、リスクを背負ってでも少ないヒットで点を取れるようにしたい

とき、また相手をかき回していきたいときなどに選択する戦術だ。足の速い走者は当然、スピードを生かして練習を積んでほしいが、足の遅い走者も逆にバッテリーからノーマークになることが多く、投手のモーションが大きければクセも盗みや

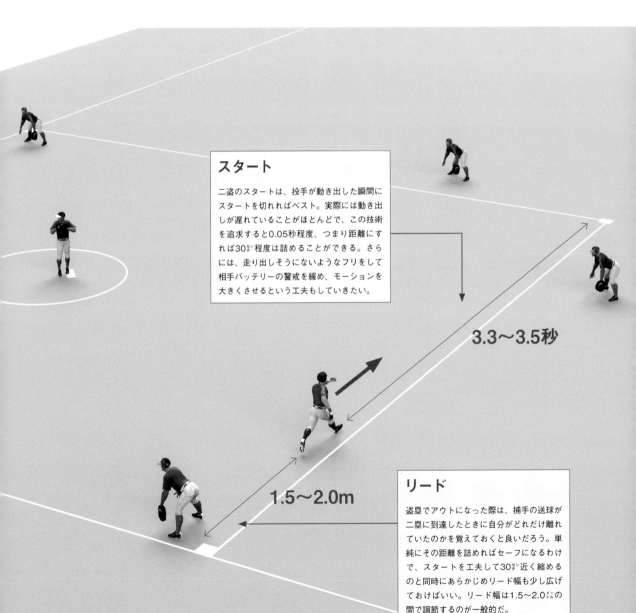

スタート

二盗のスタートは、投手が動き出した瞬間にスタートを切れればベスト。実際には動き出しが遅れていることがほとんどで、この技術を追求すると0.05秒程度、つまり距離にすれば30㌢程度は詰めることができる。さらには、走り出しそうにないようなフリをして相手バッテリーの警戒を緩め、モーションを大きくさせるという工夫もしていきたい。

3.3〜3.5秒

1.5〜2.0m

リード

盗塁でアウトになった際は、捕手の送球が二塁に到達したときに自分がどれだけ離れていたのかを覚えておくと良いだろう。単純にその距離を詰めればセーフになるわけで、スタートを工夫して30㌢近く縮めるのと同時にあらかじめリード幅も少し広げておけばいい。リード幅は1.5〜2.0㍍の間で調節するのが一般的だ。

補充注文カード

書店（帖合）印

注文数

書名

ベースボール・マガジン社

マルチアングル戦術図解
野球の戦い方
正しいセオリーを理解して「投手対打者」を制する

高見　泰範　著

9784583111599

ISBN978-4-583-11159-9
C2075 ¥1800E

定価　本体1,800円+税

注文日　　月　　日

品切重版中
　　　月　　日予定
重版未定

しい。
1っておくこ
と投手がク
くが捕手のミ
ップレベル。
場合は1.4秒
6秒というこ
こから送球し
2.0秒。トッ
る。というこ
平均的にはリ
二塁へ到達す

ればギリギリセーフ。実際のところ、足の速い走者は3.3〜3.5秒で二塁へ到達するものだが、投手の投げる球種や捕手の送球の精度、二遊間のタッチの質などの要素も絡むため、セーフになる可能性は十分にある。逆に投手のクイックが速くて捕手も無駄なく投げたとしたら、計算上はアウト。0.1秒の差で走者が進む距離は約70㌢違うものなので、走者はそれを踏まえてスタートを早めたり、リードを大きめに取ったりして秒数を減らしていきたい。

0.1秒＝約70cm

クイック
1.1〜1.4秒

二塁送球
1.8〜2.0秒

63

攻撃の戦術⑦盗塁（三盗）

投手の足が上がり切るまでに　いかに第二リードを稼げるか

　三盗は基本的に走者の判断に任される戦術。そもそも先の塁を狙えそうなときは常に狙っていくのが野球の前提。走者が単独判断で走ると打つときに集中できないというのは打者のエゴであり、走者は相手のスキをしっかりと突けるのであれば走って構わない。ただし二塁走者というのは得点圏にいる大事な存在であり、三盗失敗は試合の流れを大きく左右してしまう。したがって、投手の投球動作を完璧に盗んでいてなおかつ無警戒といったように、100％成功する確証があるときにこそ仕掛けるものだ。

　三盗の場合は、投手の動き出しと同時にスタートを切っても間違いなくアウト。第一リード（セーフティーリード）と第二リードでいかに距離を稼げるかが重要になる。投手がクイックで投げる

ことはなく、投球にかかる時間は1.4秒以上。基準としては、投手の始動からステップする足が上がり切る直前までに走者がシャッフルで第二リードを取っていき、塁間の3分の1くらいの距離まで出られればセーフになる。

　また、投手はけん制やクイックをするかどうか、セットポジションに入った時点ではあらかじめ決めているケースがほとんど。途中でスタートを切られたことに気付いても、けん制やクイックに切り替えることはなかなか難しい。したがってけん制パターンさえ読み切れれば、投手が二塁方向から目を切った瞬間にスタートすることなども可能。特に走者に背中を向ける左投手や、投げることに集中しすぎて周りに目を向けられていない投手の場合は走りやすい。

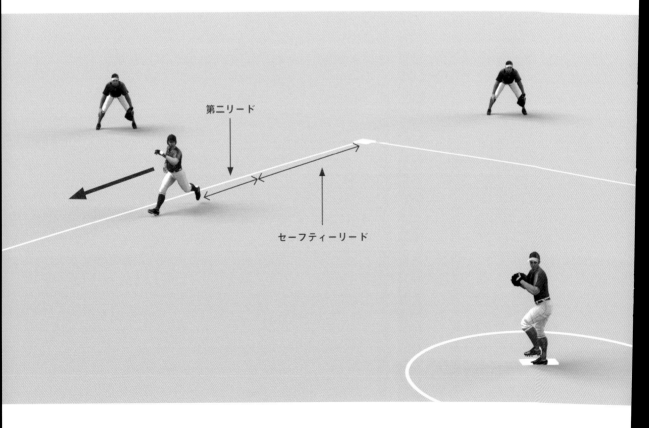

第二リード

セーフティーリード

64

攻撃の戦術⑧盗塁（重盗やトリックプレー）

▶ 相手の油断や盲点を突いて 走者の本塁生還を狙っていく

■ 一・三塁の重盗

近年は偽投によるけん制がルールで禁止されたこともあり、複数走者がいる際に投手はあまりけん制をしなくなった。それゆえに走者をノーマークにするケースも多く、守備側のスキがあれば重盗のチャンスとなる。重盗には走者一・二塁と走者一・三塁の２種類がある。前者の場合は二塁走者が投手のクセを盗んでスタートを切り、一塁走者もその動きに合わせて走るというケースと、明らかに相手が油断しているときにサインで示し合わせて狙うケースがある。後者は一塁走者がスタートを切っておとりとなり、ボールが捕手から二塁へ転送された瞬間に三塁走者が生還を狙う。ただ、これは奇襲作戦の中でも特に奇襲の意味合いが強い。走者一・三塁はさまざまな攻撃パターンが考えられる大きなチャンスであり、投手と打者の力量を比べてどう考えてもバットに当たらないなど、よほどの事態でなければ選択はしないものだ。一塁走者が飛び出したり転んだりして、わざと挟まれてかく乱するケースなどもあるため、自分たちが守備側になったときのことも考えて普段から練習を積んでおくことは大切だが、対策ができている大学・社会人のレベルで成功する可能性は非常に低い。

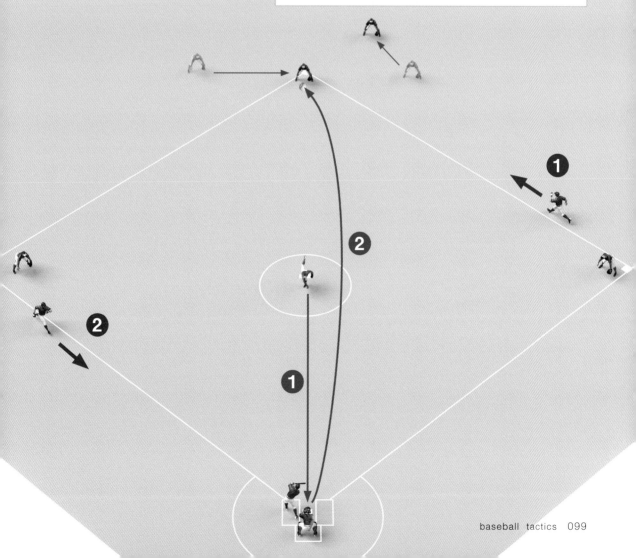

■ 一・二塁の重盗

■ トリックプレー

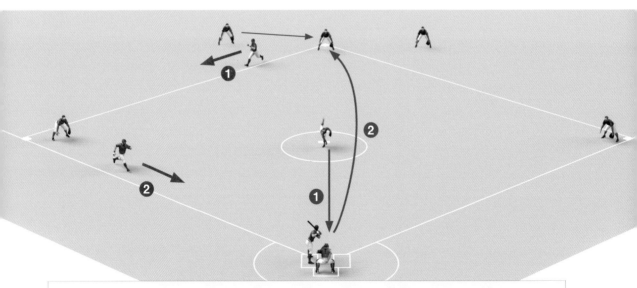

奇襲の中には、走者一・三塁で一塁走者がわざと挟まれて注意を引きつけ、三塁走者の生還を助けるなどのトリックプレーがある。図のように、走者二・三塁で二塁走者が大きく飛び出し❶、相手の送球を誘って❷三塁走者の生還を助けるというプレーもよくある。あるいは走者一塁でのディレードスチール。普段の盗塁よりもスタートのタイミングを遅らせ、二遊間が走者から目線を切ったところで走っていく。相手の盲点を突いてスタートしたと気付かせず、盗塁への対応を遅らせて進塁を勝ち取るわけだ。ただし、こうした奇襲というのは明らかに歯が立たないと考えられるチームに対して何とか動揺を誘うために行う作戦なのだが、強いチームはそもそも対策をしているのであまり動じないケースも多い。淡々とアウトを取っていくことに専念されたら実力通りの展開になってしまいやすいため、一瞬の反応で盲点を突ける相手かどうか、見極めておかなければならない。

65

攻撃の戦術⑨スクイズ

▶ 確実に1点を取りたいときに選択
成功すればチームに勢いが生まれる

　投手が本塁へ投げると察知したら三塁走者がスタートを切り、打者がどんな球でもバントをしてゴロを転がすことで得点を狙うのがスクイズ。「次の1点が勝敗を左右する」という局面など、確実に1点を取りたいときに選択する戦術だ。ワンバウンドの球や大きく外される球など、難しい投球が来る可能性もあるが、打者はとにかくバットに当てて転がすことだけ考える。早めにバントの構えを見せると相手バッテリーに悟られてしまうので、動き出すタイミングと演技力が大切になる。打者が走者を助けるチームプレーであり、成功するとチーム全体が盛り上がって団結力が高ま

るというメリットもある。
　スクイズを仕掛けて上手くゴロが転がったのに本塁でアウトになったというのはおかしな話で、そうなってしまう原因は走者のスタートの悪さ。本来、スクイズにおける三塁走者はどんなゴロでも生還できるようにスタートを切っていなければならず、投手の投球動作を見て動き出すタイミングに神経を集中させる必要がある。普段から突き詰めて練習していると、細かい部分にまで目が向けられるようになり、走塁そのものにも良い影響が出てくるだろう。

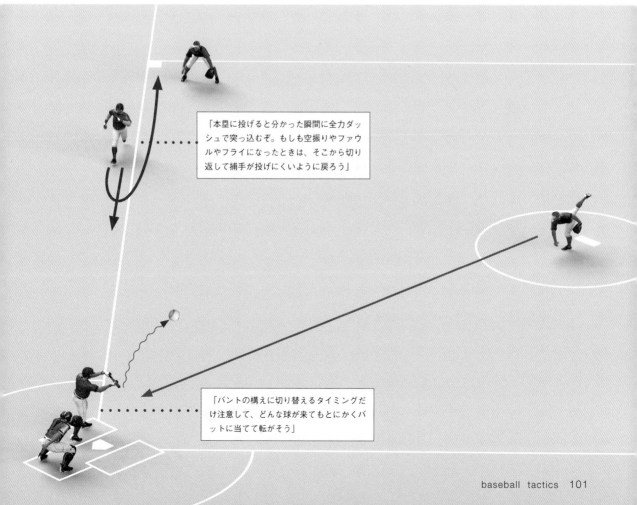

「本塁に投げると分かった瞬間に全力ダッシュで突っ込むぞ。もしも空振りやファウルやフライになったときは、そこから切り返して捕手が投げにくいように戻ろう」

「バントの構えに切り替えるタイミングだけ注意して、どんな球が来てもとにかくバットに当てて転がそう」

66

攻撃の戦術⑩ゴロGO・セーフティースクイズ

▶ **平凡なゴロでも得点できる戦術**
走者はスタートに集中すること

走者三塁では右方向への打球やボテボテの打球、高いバウンドになった打球、さらに左方向でも打球が三遊間を抜ければ生還できるチャンスがあるが、どんなゴロでも1点を取りにいくという戦術もある。走者が打者のインパクトに集中し、打球がゴロになった瞬間にスタートを切る「ゴロGO」。あるいは打者が高い確率でゴロを打つことを踏まえて、ボールとバットが当たった時点でスタートを切ってしまう「ギャンブルスタート」。また、軟式野球などではもっとスタートのタイミングを早めて「エンドラン」を仕掛けるケースもある。ただいずれにしても内野手は三塁走者の走力を考えて本塁で刺せるところまで前に出てきているため、基本的にはスタートが遅れたらアウト。

したがって、スタートを切るべきタイミングに神経を集中させて、すばやく反応する練習を積むことが大切だ。

三塁走者の力が問われる作戦としては、打球を見て本塁へ行くかどうかを選択するセーフティースクイズもある。打者はバントでゴロを転がすわけだが、生還できるかどうかは走者の感覚しだい。普段から打球に対する判断力を磨いておきたい。なお、セーフティースクイズは打者のバント技術と三塁走者の判断にすべてを委ねるもので、逆にプレッシャーを与えてしまう可能性もある。したがって、セーフティースクイズが失敗に終わっても、指導者は選手の判断ミスをとがめないこと。サインを出したことに対する責任を負ってほしい。

「インパクト直後にボールが地面へ向かっていったらGO。それ以外は体勢を切り返して戻りながら打球の様子を見て判断しよう」

第4章
さまざまな状況判断

67 ケースにおける考え方①走者なし

▶ 攻撃側は積極的に打つ
守備側は打者の特徴に合わせる

走者なしのケースでは「とにかく出塁することが大事だ」と言われる。出塁したところで相手が簡単に崩せそうにない投手の場合は、思い切って全員でホームランを狙うという作戦もあるが、一般論で言えばアウトカウントが少ない状況で走者が出るほど得点に結びつく可能性は高まるのだ。ただし攻撃側の姿勢としては、最初から四死球を狙うのはあまりオススメできない。基本的に投手はストライク先行で攻めてくるため、若いカウントから積極的に打ったほうがヒットになる確率は高い。慎重に考えるあまり消極的になっていると、簡単にカウントを追い込まれて難しい球に手を出すしかなくなってしまう。また先発投手さえ崩せば良いのであれば、球筋を見たり球数を多く投げ

させたりするのも効果はあるだろうが、相手のリリーフ陣が充実していたら結局流れを止められてしまうだろう。

一方の守備側は、まずは各イニングの先頭打者に出塁を許さないように集中する。バッテリーは各打者のスイングの特徴や打球傾向などのデータに合わせた配球、野手はそれに応じてポジショニングを考えれば良い。内野手はゴロを確実にアウトにすることを意識。外野手は「明らかなヒットは仕方ない」と割り切った上で、内野を抜けてきた打球を確実に処理して単打で食い止め、ライナーやフライではアウトを取れるように準備をしておくことが大切だ。ここでは、いくつかポジショニングの例も紹介しておこう。

■ ニュートラル（定位置）

ポジショニングを考える上でまず基本の形が「定位置」。最もニュートラル（中立的）な状態であり、打球がどこに飛んできてもほぼ同じような確率でバランスよくアウトを取ることができる。これを基準にして打者の傾向や走者の状況、試合展開などに合わせて動いていくわけだ。勘違いしないでほしいのだが、ポジショニングというのはヒットになりそうな打球をアウトにしようとするものではなく、守備側の痛手を少なくするもの。たとえばショートが三遊間のスペースを詰めればその分だけ二遊間のスペースは空くわけで、動いたことが裏目に出ることも十分にある。つまりヒットを完全に防げるというわけではなく、あくまでも「この打者に対してこういう配球で攻めればそこに飛ぶ可能性が高い」という確率を踏まえて、打ち取った打球を確実にアウトにするのが目的なのだ。そういう意味では、相手のデータや傾向が見えてこない場合はひとまず定位置で守るのがベターだ。

■ 左方向への打球が多い打者の場合

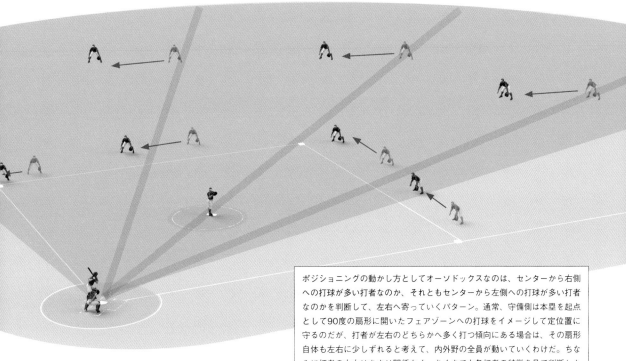

■ 右方向への打球が多い打者の場合

ポジショニングの動かし方としてオーソドックスなのは、センターから右側への打球が多い打者なのか、それともセンターから左側への打球が多い打者なのかを判断して、左右へ寄っていくパターン。通常、守備側は本塁を起点として90度の扇形に開いたフェアゾーンへの打球をイメージして定位置に守るのだが、打者が左右のどちらかへ多く打つ傾向にある場合は、その扇形自体も左右に少しずれると考えて、内外野の全員が動いていくわけだ。ちなみに打者の左右はあまり関係なく、あくまでも各打者の特徴を見て判断したい。一般的には引っ張る傾向の打者が多いが、右中間方向へよく打つ右打者もいれば、左中間方向へよく打つ左打者もいる。また特に右投げ左打ちの選手はステップ足が着地後に引っ掛かりやすいため、右方向への強い打球が飛びにくく、左投げ左打ちの選手はステップ足を上手く滑らせて右方向に強い打球を飛ばしやすいという傾向もある。さらに投手が外角直球に自信を持っているケースでは、左打者に対して「遅い球にタイミングが合うことを考えてセンターとライトは右中間に寄る。左方向へ強く打たれることはないからレフトは左中間へ寄らずに前へ出る」という選択をすることも多い。

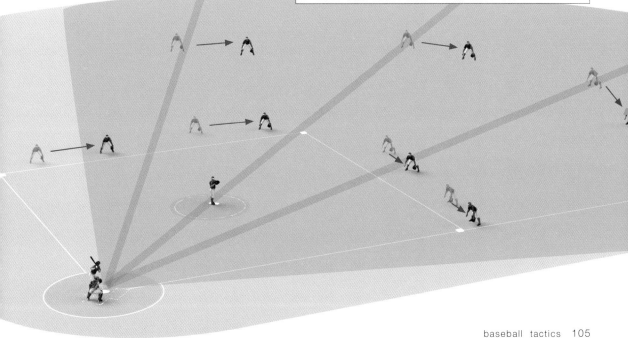

■ 長打を警戒するケース①右中間とレフト線

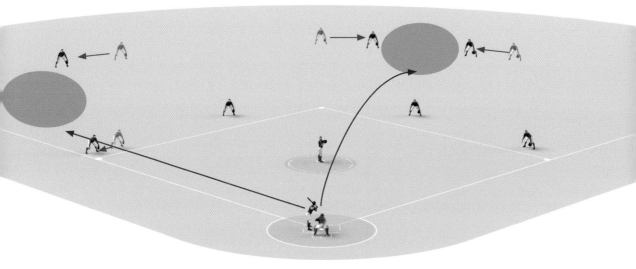

■ 長打を警戒するケース②左中間とライト線

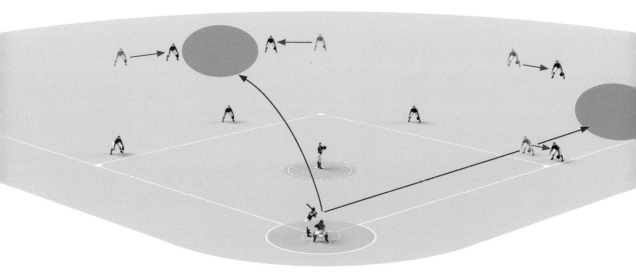

足が速い打者や長打力のある打者と対戦するときは、打たれること
を前提とした上で、二塁打コースの打球が三塁打になってしまうこ
とを防ぐために内外野のポジショニングを変えていく。三塁打にな
りやすいのは左からレフト線・左中間・右中間・ライト線の4か所。
もちろんすべてはカバーできないので、打者の特徴を見てどの打球
が飛びやすいのかを考え、2つを組み合わせると良いだろう。ポイ
ントはまずセンターが右中間と左中間のどちらに寄るか。それに応
じて前者ならライトが右中間、後者ならレフトが左中間を締める。
さらにライト線を締める場合はファーストとライト、レフト線を締
める場合はサードとレフトがラインに寄る。組み合わせとしては

「右中間＋レフト線（上図）」「左中間＋ライト線（下図）」。投手は
速い球と遅い球を駆使してコースを突くわけで、右中間と左中間の
どちらにもよく打ったり、左中間にもレフト線にも同じ確率で引っ
張れる（または押し付けられる）などということは考えられない。
なお、投球が甘くなった場合はバッテリーのミスであり、ここまで
想定していたら成立しないため度外視。そうやって割り切っておく
と、たとえば右打者が遅い球を気持ちよく左中間へ引っ張るとした
ら、速い球についてはやや差し込まれてライト線に飛ぶことをケア
しておけばいい、と考えることができる。

■ 明らかな打球傾向がある打者の場合

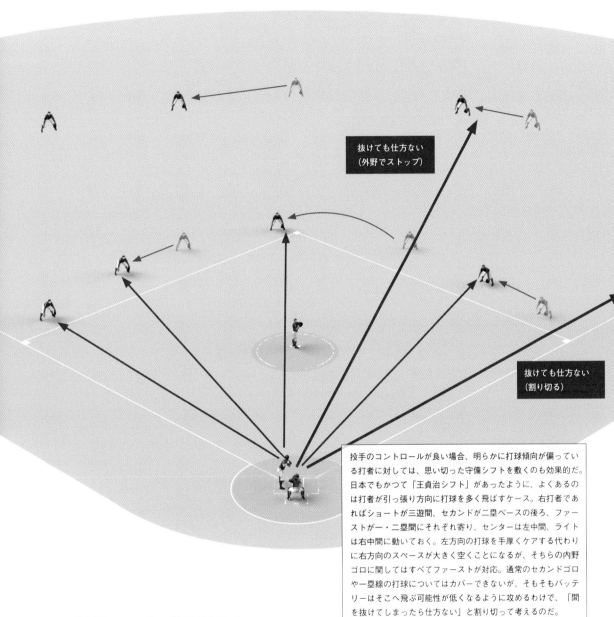

抜けても仕方ない
（外野でストップ）

抜けても仕方ない
（割り切る）

投手のコントロールが良い場合、明らかに打球傾向が偏っている打者に対しては、思い切った守備シフトを敷くのも効果的だ。日本でもかつて「王貞治シフト」があったように、よくあるのは打者が引っ張り方向に打球を多く飛ばすケース。右打者であればショートが三遊間、セカンドが二塁ベースの後ろ、ファーストが一・二塁間にそれぞれ寄り、センターは左中間、ライトは右中間に動いておく。左方向の打球を手厚くケアする代わりに右方向のスペースが大きく空くことになるが、そちらの内野ゴロに関してはすべてファーストが対応。通常のセカンドゴロや一塁線の打球についてはカバーできないが、そもそもバッテリーはそこへ飛ぶ可能性が低くなるように攻めるわけで、「間を抜けてしまったら仕方ない」と割り切って考えるのだ。

ポジショニングの考え方

　ポジショニングは「打者のヒットになる打球のコースと質（ゴロ・フライ・ライナー）」「その状況で打たれたくないのはどんな打球か」の2つを基準に考えて動けば良い。

　そして外野手の場合は、ゴロやライナー性の速い打球が飛んできやすい位置に守ること。滞空時間が長いフライは足を使って捕りにいけばいいわけで、最初から落下地点の近くにいる必要はない。まずはゴロで間を抜かれてフェンスに到達することを防がなければならないのだ。つまり長打になりそうなゴロを食い止めて単打に抑えたり、ライナーをノーバウ

ンドで捕球してアウトにしたりするのが外野手のポジショニングの真骨頂。自分がいるところにはゴロやライナーが来て、間にはフライが来る。フライで頭を越されるのはバッテリーの配球や制球のミス。そうやって考えておこう。

　一方の内野手は、打者の特徴に合わせてゴロが飛んできやすい場所をイメージする。投手が打ち取った打球を確実にアウトにできる位置に守るのが前提で、あとは打者の足の速さによって前後1メートルほどの幅を調節すれば良い。

68 ケースにおける考え方②走者一塁

▶ 攻撃側のさまざまな作戦に対して
守備側は確実にアウトを取る

走者一塁ではヒッティングのほかに犠打、バスター、エンドラン、盗塁など多くの作戦が考えられ、何を選択するのかはそのチームの方針と試合展開によって変わる。攻撃側はしっかりと理解しておくことが大切だ。

無死や一死の場合、守備側にとっては内野ゴロゲッツーがベスト。ただ、打球によってそれを狙えるのかどうか判断する必要があり、無理に狙うとミスが生じる可能性もある。だからこそ、「確実に1つはアウトを取って、タイミングが際どいほうはセーフになっても仕方ない」と割り切っておいたほうが良い。打者がバントをしてきたとき

に二塁へ投げるか、一塁へ投げるかの選択についても同様だ。

二死の場合、守備側は打者との勝負に集中。ただし打者が打った瞬間に走者がスタートを切るため、長打で1点入る可能性が高い。したがって、長打を警戒した守備隊形を取るのが基本だ。打者に長打が期待できない場合、攻撃側が得点圏に走者を進めようとして盗塁を仕掛けてくる可能性もあるが、これはあらかじめ秒数を計算しておけばアウトにできるもの。あとは捕手のスローイング技術に任せればいいだろう。

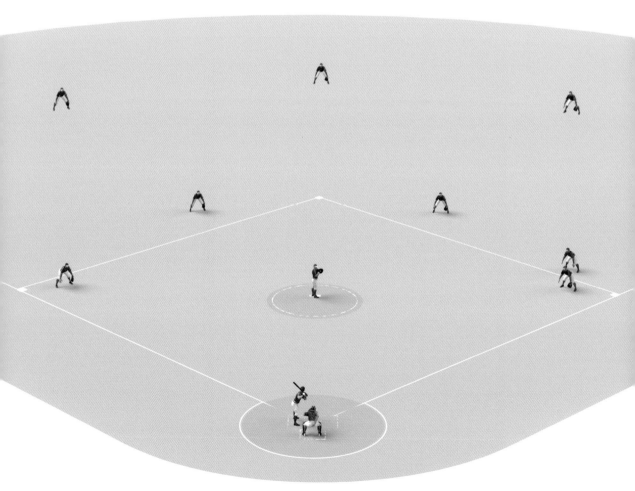

■ 攻撃側のポイント

打者が最も避けたいのは内野ゴロゲッツーだが、「ここには打ってはいけない」などと制約をかけると思い切って打てなくなる。むしろ「ダブルプレーになったら仕方ない」と割り切り、余裕を持って打席に立ったほうが上手く回りやすい。守備側からすれば、ゲッツーを恐れずに強振されたほうがヒットの可能性が高まって嫌なのだ。ただヒットゾーンとしては二遊間がゲッツー態勢で二塁ベースに寄るため、一・二塁間と三遊間が広くなっていることは頭に入れておこう。また確実に得点圏に走者を進めたい場合はバント、一気にチャンスを広げたい場合は盗塁やエンドランを仕掛けるわけだが、走者は走る気がないケースでも「行くぞ」という姿勢だけは見せること。投手にプレッシャーをかけることで、コントロールや球威を甘くすることにつながる。

■ 守備側のポイント

無死一塁ではバントのケースが多いが、守備側は先述のように「確実に1つアウトを取れば良い」という感覚で臨んでいこう。走者の進み具合を見ながら、落ち着いて二塁と一塁のどちらへ送球するかを判断すれば良いのだ。また、走者が走りそうなそぶりを見せるだけで嫌がる投手もわりと多いが、「盗塁を仕掛けられても捕手がアウトにしてくれる」と思えばいい。なおポジショニングについては、「単打はいいけど長打は打たれたくない」と考えれば長打警戒。「長打だろうと単打だろうとヒットは打たれたくない」と考えれば定位置。「一か八か勝負をかけるしかない」と考えればデータに基づいて偏らせる。そうやって使い分けていく。

69

ケースにおける考え方③走者二塁

▶ ヒットで得点の可能性もあるが
　立場は攻守とも五分五分

　走者二塁はヒット1本で得点の可能性がある場面。守備側が「この1点は絶対に取られたくない」と考えているのであれば、外野手は本塁送球で確実にアウトを取れる位置に守り、内野手は確率の高いヒットゾーンを狭めるように動く。二死では走者のスタートが良くなる分、外野手がさらに1歩前に出ているケースが多いだろう。一方で「1点を取られても構わない」という余裕がある場合などは、二塁走者よりも打者の打球傾向を重視し、長打などもケアしながら余計な出塁を許さないことを考える。

　攻撃側の選択肢としては、無死であれば打者にヒットを期待するだけでなく、確実に三塁へ進め

るための犠打や右方向への進塁打、自分も生きようとするセーフティーバントなども考えられる。一死であれば進塁打やセーフティーバントの可能性を含みながらも、基本的には打者がヒッティングに集中するケースが多い。二死であれば「投手対打者」の勝負の意味合いがより濃くなる。得点圏に走者がいるため、守備側が不利のようにも思えるが、内野ゴロや外野フライで失点するリスクはなく、バッテリーは「一塁が空いているから四死球でもいい」と開き直って厳しいコースを攻めることもできる。さらに内外野が集中力を高めてすばやく反応する場面でもあり、実際には五分五分と言える。

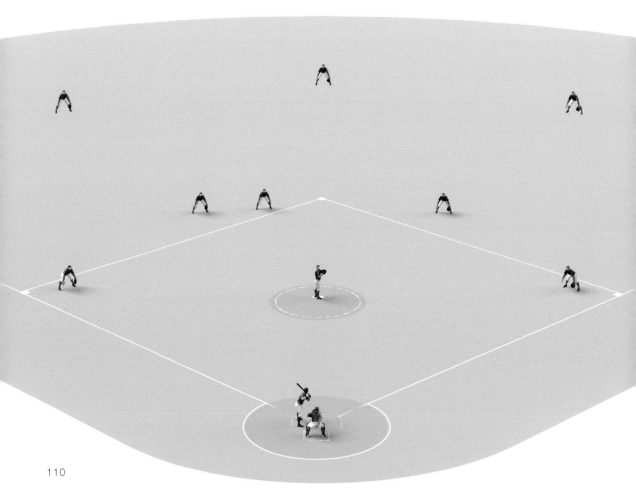

■ 攻撃側のポイント

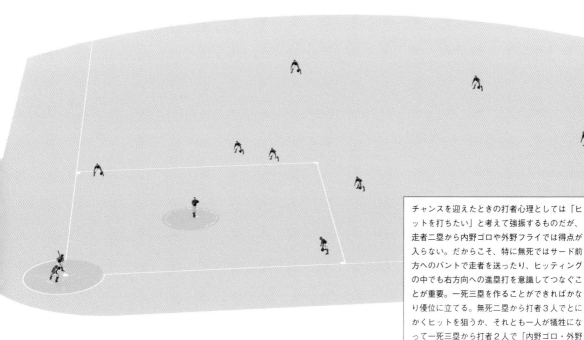

チャンスを迎えたときの打者心理としては「ヒットを打ちたい」と考えて強振するものだが、走者二塁から内野ゴロや外野フライでは得点が入らない。だからこそ、特に無死ではサード前方へのバントで走者を送ったり、ヒッティングの中でも右方向への進塁打を意識してつなぐことが重要。一死三塁を作ることができればかなり優位に立てる。無死二塁から打者3人でとにかくヒットを狙うか、それとも一人が犠牲になって一死三塁から打者2人で「内野ゴロ・外野フライ・暴投・捕逸・失策でも構わない」と考えるか。得点につながる可能性は後者のほうが高いからだ。

■ 守備側のポイント

走者二塁ではまずバッテリーが打者にヒットを打たせないことが大切。好打者であっても確率で言えば3〜4割なので、あまりプレッシャーを感じる必要はない。一死二塁の場合は「無死一塁から犠打でアウトを1つ取った」と思えば、落ち着いて臨めるだろう。さらに右打ちをされても「二死三塁ならオッケー」と考える。要は「最終的にヒットさえ打たせなければ得点は入らない」と割り切っておけばいいのだ。二死二塁だと走者が良いスタートを切る分、守っている野手にはプレッシャーがかかるが、バッテリーが四球を想定して「打者2人でアウト1つを取れば良い」と考えて攻めれば、通常よりもヒットを防ぐ確率は高められる。

70 ケースにおける考え方④走者三塁

- **得点しやすく攻撃側が有利**
- **守備側は開き直りが大切**

走者三塁というのは攻撃側が攻めやすく、得点につながりやすいパターンの1つ。スクイズやエンドラン、セーフティースクイズやゴロGOといった作戦（場合によっては本盗も）だけでなく、通常の内野ゴロで本塁へ生還できたり外野フライが犠飛になったりするなど、本来ならばアウトになるものが打点に結び付く可能性も十分にあるのだ。「内野ゴロでも外野フライでも良い」と思えると、打者は心に余裕が生まれて力を発揮しやすくなるもの。さらに暴投や捕逸、失策など守備の

ミスに乗じても得点できる。逆に守備側からすると三振、処理しやすい内野ゴロやライナー、内外野への浅いフライくらいしか失点を凌ぐ選択肢がなく、プレッシャーも大。だからこそ、「攻撃側が走者三塁を作れるかどうか」は試合展開を大きく左右する。なお、近年は一発勝負においてスクイズを仕掛けるシーンがあまり目立たないが、捕手がピッチドアウトや敬遠などで駆け引きをしてくるケースも少なくなっているため、ここぞという場面では有効だ。

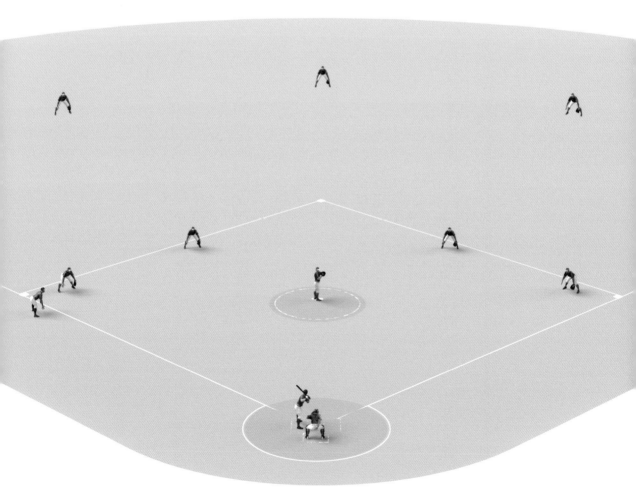

■ 攻撃側のポイント

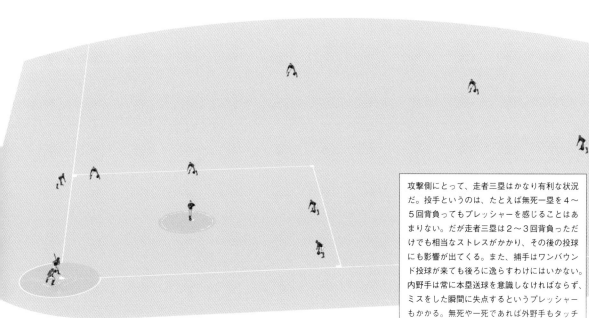

攻撃側にとって、走者三塁はかなり有利な状況
だ。投手というのは、たとえば無死一塁を4〜
5回背負ってもプレッシャーを感じることはあ
まりない。だが走者三塁は2〜3回背負っただ
けでも相当なストレスがかかり、その後の投球
にも影響が出てくる。また、捕手はワンバウン
ド投球が来ても後ろに逸らすわけにはいかない。
内野手は常に本塁送球を意識しなければならず、
ミスをした瞬間に失点するというプレッシャー
もかかる。無死や一死であれば外野手もタッチ
アップを意識するだろう。そうやって精神的な
疲労を与えることで相手はピンチを脱するのに
精一杯になり、攻撃のリズムを作りにくくなる
のだ。打者が頭に入れておきたいのは、投手が
空振りやゴロを打たせようとして投球を低めに
集めてくること。したがって低めのボール球、
特に変化球の見極めが重要になる。

■ 守備側のポイント

二死三塁のケースでは打者を打ち取ることだけ
に集中すれば良いが、無死三塁や一死三塁とい
うのは1点が入りやすい。ここで内野手が「何
が何でも本塁生還を阻止する」と考えて前進す
るのか、「この1点は仕方ない」と考えて後ろ
に守るのかは、試合展開によって変わる。三塁
走者が生還すればサヨナラ負けという場面であ
れば、もちろん前者。だが試合がまだ前半であ
れば、後者を選ぶケースが多いだろう。このと
きには、そもそも走者三塁のケースを作ってし
まったこと自体が悪いのだと判断して、開き直
ることが大切。ピンチの場面でそうやって頭の
中を切り替えておくと、思い切ったプレーがで
きて良いパフォーマンスが生まれやすい。

71 ケースにおける考え方⑤走者一・二塁

● 走者が詰まっているため ゲッツーの可能性をどう考えるか

　無死一・二塁の場合、攻撃側は犠打で送って一死二・三塁を作ろうとするケースが多い。一死であれば基本的にはヒッティングが多くなり、犠打をするとしてもあわよくば自分も生きようとセーフティー気味に行うケースが増えてくる。一方で守備側からすれば、無死や一死の場合は内野ゴロゲッツーのチャンス。だからこそ、バッテリーは内野ゴロを打たせるように配球を考えるものだ。

　得点圏に走者がいるので、もちろん点が入りやすい状況ではある。ただ走者二塁とは違って走者が詰まっており、たとえば二塁ベース付近のゴロはゲッツーになりやすく、サードゴロを打つと三塁ベースを踏んでからのトリプルプレーというリスクまで出てくる。ただし、本来ならば打者は「ここに打ってはいけない」という最低限の条件を頭に入れて打席に立つものだが、その条件が多い走者一・二塁では逆に思い切りスイングできなくなるというリスクも生まれる。そう考えると、逆に「ゲッツーになったら仕方ない」と覚悟を決めてヒットを狙っていくほうが得策。そして、どうしてもゲッツーが嫌なのであれば、バント（犠打やセーフティーなど）を選択して次打者に託していけば良い。

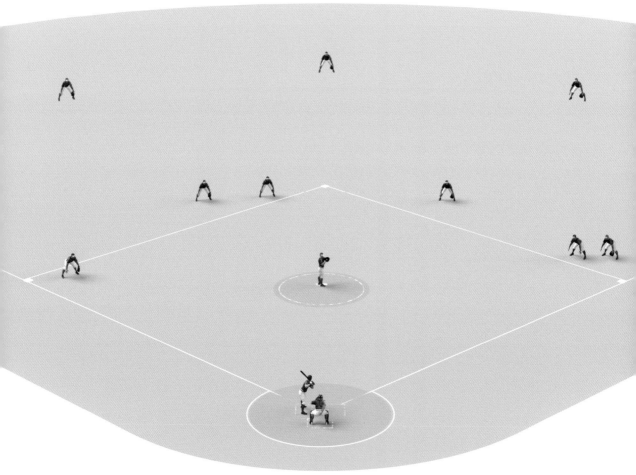

■ 攻撃側のポイント

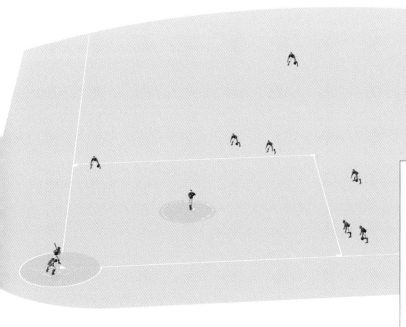

無死一・二塁での考え方は、大きく分けると2つ。犠打で確実に走者二・三塁までチャンスを広げて相手によりプレッシャーを与えながら得点を奪いたいか、それともゲッツーを怖がらずにヒットを狙ってその打者で一気に得点を奪いたいか。前者の場合は、投手が簡単に処理できる範囲内に打球を転がすと三塁封殺のリスクもあるため、できれば三塁手が前に出て捕るような打球が理想だ。後者の場合は打者が緊張すると良い結果が生まれにくいので、余計なことを考えず投球に集中するほうがいい。それと、気を付けたいのは二塁走者。自分の動きに合わせて一塁走者も動くため、ベースを大きく飛び出したりスタートを切るようなそぶりを見せたりすると、逆に一塁走者がアウトになってしまう可能性もある。その責任も認識しておこう。

■ 守備側のポイント

守備側にとって走者一・二塁はピンチだが、ゲッツーで上手く切り抜けられることもできるので、まず内野手はそれに備えておくこと。そして、外野手は現状の点差やその後に予想される試合展開などを考えて、二塁走者を返さないことを重視してやや浅めに守るのか、一塁走者を返さないことを重視してやや深めに守るのか、ベンチの指示も仰ぎながら考え方を明確にしておきたい。ちなみに無死一・二塁の場合、犠打で一死二・三塁にされるのは嫌なものだが、近年の野球界は全体的に投高打低の傾向にあり、投手が力でねじ伏せるケースも少なくない。したがって、守備側は「一死二・三塁にされても四球で満塁にして内野ゴロゲッツーならオッケー」などと割り切っておくと良いだろう。

72

ケースにおける考え方⑥走者一・三塁

▶ 多彩な攻撃パターンにより
最も得点につながりやすい場面

走者一・三塁は攻撃パターンが非常に多く、守備側がさまざまなケースを想定しておかなければならないため、最も得点が入りやすい場面と言われている。攻撃側からすればヒットを打って一塁走者が三進し、ふたたび一・三塁で攻撃が続くというのが理想的。また無死や一死の場合であれば、野手にとっては凡打でも本塁へ送球するか二塁送球でゲッツーを狙うかの判断が難しく、特に時間を稼げるボテボテのセカンドゴロなどは点が入る可能性は高い。打者がヒットを打つためにはミート力も必要だが、引っ掛けても詰まっても構わないからただ右方向へゴロを転がせば良いというの

であれば、決して難しくはないだろう。

さらに作戦としてはスクイズやエンドラン、ゴロGOやセーフティースクイズだけでなく、一塁走者も絡めて二盗や重盗、トリックプレー、一塁走者とのエンドラン系も選択肢に入る。もちろん走者三塁と同様、外野フライや相手守備のミスでも得点は可能だ。なお、無死であれば内野ゴロゲッツーでも得点できるが、一死では無得点に終わるリスクがある。とは言え状況は完全に有利なわけで、打者はいかにプレッシャーを取り除くかが重要だ。

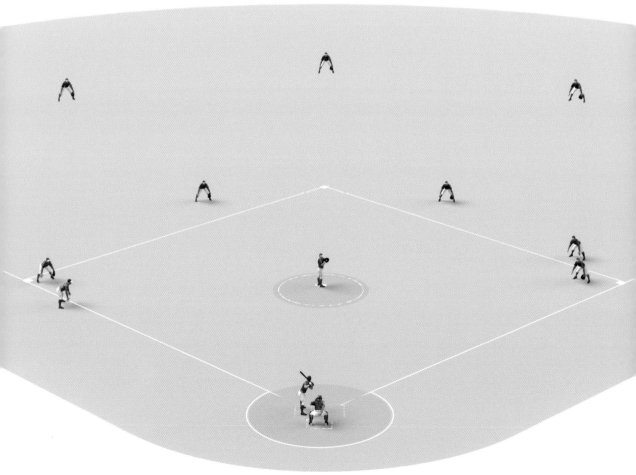

■ 攻撃側のポイント

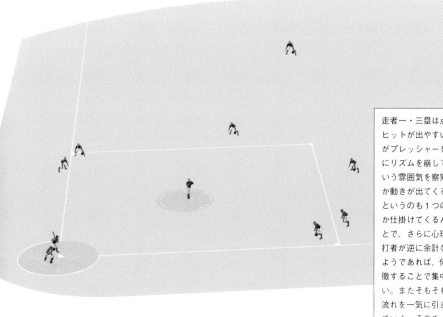

走者一・三塁は点が入りやすいだけで、決して
ヒットが出やすいわけではない。ただ、守備側
がプレッシャーを感じている場合は多く、勝手
にリズムを崩してくれることがよくある。そう
いう雰囲気を察知できているときは、相手に何
か動きが出てくるまではあえて何も仕掛けない、
というのも1つの手だ。そうやって相手に「何
か仕掛けてくるんじゃないか」と考えさせるこ
とで、さらに心理的に優位に立てる。一方で、
打者が逆に余計なプレッシャーを感じてしまう
ようであれば、何か作戦を1つ決めて、それに
徹することで集中力を促していくというのも良
い。またそもそも相手の実力が高い場合などは、
流れを一気に引き寄せるためにどんどん仕掛け
ていく。そのチームにとって「この戦術が決ま
ればムードが上がる」という作戦を選択するの
が良いだろう。

■ 守備側のポイント

守備側の考え方は点差やその後の試合展開を踏
まえた上で、三塁走者（1点目）を重視するの
か、一塁走者（2点目）を重視するのかの2択。
内野手は基本的に前進守備とゲッツー態勢の中
間の布陣を選択することが多いが、その中でも
前者なら本塁送球で三塁走者のアウトを狙い、
後者なら二塁封殺でゲッツーを狙うことを意識
する。そしてバッテリーとしては、前者であれ
ば一塁走者の盗塁などはあまり気にせず、内野
ゴロでも時間の余裕が生まれないようにできる
だけ左方向へ打たせる配球を考える。後者であ
れば「走者一塁と同じ」という感覚。投手はモー
ションを盗まれないようにし、二盗を仕掛け
られたら捕手はしっかりとアウトを取りにいく。
また配球としては長打を避けることを考え、ヒ
ットを打たれても一・二塁で食い止めるように
外野のポジショニングを意識。そういう割り切
りができていれば走者の動きに惑わされること
もなく、あまり怖い場面ではなくなる。

73 ケースにおける考え方⑦走者二・三塁

> ### 守備側は三塁走者重視か
> ### それとも二塁走者重視か

　攻撃側にとっては、走者二・三塁はヒット1本で2得点を狙える大チャンスだ。無死というのは走者一塁から二塁打が出るか、走者一・三塁から一塁走者が盗塁などで進塁するか、または走者一・二塁から暴投・捕逸・重盗などで進塁するくらいしか起こり得ないレアケース。ただ一死の場合は無死一・二塁から犠打で送ってきたというパターンが多く、試合をいい流れで進めるためにも確実に得点を取っていきたいケースとなる。

　二死の場合はもちろん「投手対打者」の勝負が基本となるが、無死や一死ではさまざまな選択肢がある。ヒッティングでヒットや外野フライによる犠飛を狙うほか、スクイズやセーフティースク

イズなども考えられるが、特に内野ゴロを狙いながらゴロGOやギャンブルスタートなどを仕掛けるのも有効。と言うのも、たとえ内野ゴロが野手の正面を突いて三塁走者が挟殺プレーでアウトになったとしても、二塁走者は確実に三塁まで到達して一・三塁、さらには打者走者が二塁まで到達してふたたび二・三塁を作れる可能性が十分にあるからだ。したがって守備側が明らかに前進守備を敷いてくるようでなければ、三塁走者はスタートを切るケースが多い。逆に言うと守備側にとっては、三塁走者と二塁走者のどちらを意識して守備隊形を取るのか、ハッキリさせておきたい場面だ。

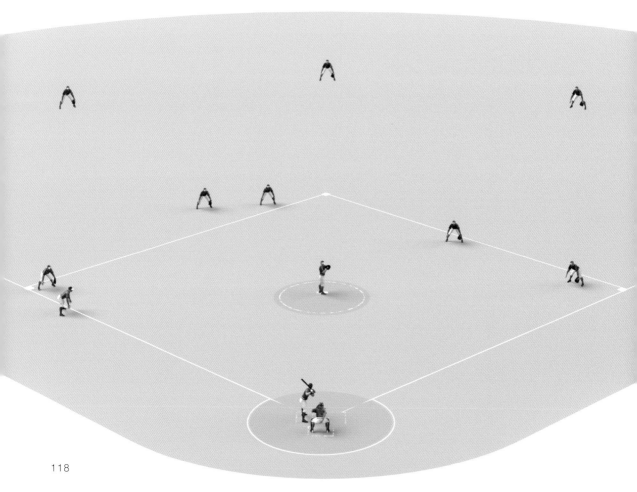

■ 攻撃側のポイント

走者二・三塁の場合は内野ゴロでもゲッツーがなく、ゴロGOで得点が入る可能性もある。またフライであっても、思い切ってスイングして外野までしっかり飛ばせば犠飛になるため、打者にはあまりプレッシャーがかからない。リラックスして打席に入り、自分の力を出し切ることに専念すればいいだろう。内野ゴロや外野フライを打つポイントとしてよく言われるのは、ボールの狙いどころ。真ん中よりも上を打てばゴロになり、真ん中よりも下を打てばフライになる。ただ、これはあくまでも一般的な理屈であって、意識して実践できるかどうかは別。最終的には打者の感覚に委ねられるため、普段から「ゴロを打つ」「フライを打つ」という制約の中での練習もしておくことが大切だ。

■ 守備側のポイント

守り方としては投手の実力やその日の調子も踏まえながら、相手打者と比較して「投手が良いから失点を阻止する態勢にしよう」なのか、「打者が上だからヒットで2点は仕方ない。それ以上の失点を防ぐために深めに守ろう」なのか、守備隊形の方針を判断すること。そして1点勝負なのか（三塁走者重視）、2点目は阻止したいのか（二塁走者重視）、大量失点を防ぎたいのか（打者走者重視）を考えておこう。三塁走者重視なら外野手はタッチアップを阻止できる位置に守り、内野手は前進守備。二塁走者重視なら外野手がヒットでのバックホーム態勢を取り、内野手はやや深めに守ってヒットを食い止める。打者走者重視なら内外野とも長打を警戒したポジショニングを取る。これをハッキリさせておけば守りやすい。

74 ケースにおける考え方⑧走者満塁

● 心理的な要素も影響して 意外と得点が入りにくい

走者満塁は本来、攻撃側にとって最大のチャンス。逆に守備側は四死球や守備のミスなどが1つ出ただけでも失点するため、絶体絶命の場面と言える。しかし実際のところ、無死満塁や一死満塁では意外にも点が入らないケースがよくある。これはお互いの心理が影響しているものだ。打者は圧倒的有利になったことで、逆に「この場面は絶対に点を取らなきゃいけない」「内野ゴロゲッツーだけは避けたい」などとプレッシャーを感じ、力を発揮できなくなってしまう。一方の投手は逃げ道を失ったことで逆に「打たれても仕方ない」と開き直り、集中力が研ぎ澄まされて、強い球を思い切って投げ込んでいく。満塁だろうと走者な

しだろうとヒットの出る確率は変わらないのだが、心理的要因によってその確率が下がってしまうわけだ。

また普段はフライが多いはずの打者が、走者満塁に限って外野フライを打てなかったりする。その理由は、バッテリーが通常とは配球を変えて内野ゴロを打たせようとしてくるから。したがって打者は普段から、満塁における配球を想定した中でフライを打つ練習もしなければならない。走者満塁で確実に外野フライを打てる技術があれば余裕が生まれて良い結果にもつながりやすく、チームも強くなる。

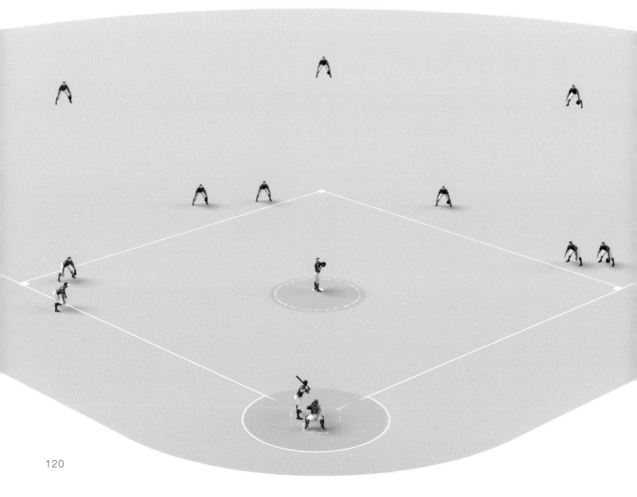

■ 攻撃側のポイント

無死満塁は誰もが「得点できる」と信じているだけに、打者はプレッシャーを感じやすい。一死ではそれが少し和らぐ代わりに、「内野ゴロゲッツーでチェンジにしたくない」という気持ちが芽生える。そして二死になると「もう後がない」と考えるか、「ヒットを打つしかない」と開き直るか。これが打者心理だが、基本的にヒットを打つ確率はどんな場面でも変わらないので、結果のことは考えず自分の打撃に集中することが大事だ。ちなみに相手投手に対して手も足も出ないケースであれば、走者満塁からスクイズやエンドランを仕掛けるというのもアリだが、一気にチャンスを潰してしまうリスクもあるということは頭に入れておこう。それと満塁に限らず走者が複数いる場合は、後ろの走者の走塁意識が疎かになりがち。気を抜いてアウトになったらせっかくのチャンスを棒に振ってしまうので、注意しておきたい。

■ 守備側のポイント

守備側は走者満塁になった時点で「打者をアウトにするしかない」と開き直っているので、心理的には逆に守りやすい。バッテリーは打者を打ち取ることだけに集中して配球を考える。内野手は状況に合わせて守備隊形を決め、本塁送球か他の塁へ送球するかを判断すればいい。外野手も守備隊形を決めたら、タッチアップやヒットからのバックホームもしくはバックサードを判断する。全員が余裕を持って守れているからこそピンチを凌げたり、集中力が高まってビッグプレーが生まれたりするのだ。その中でも二死満塁は非常に守りやすく、投手は走者を気にせず投げることができる。極端に言うと、点差に余裕がある場合で打者をアウトにすることを絶対的に優先したいのであれば、振りかぶって全力で投球しても構わないだろう。

75 守備側の戦術①けん制

▶ **目的を理解して無駄なけん制は控える**

投手がけん制球を投げる目的は2つ。走者にスタートを切りにくくさせることと、もしくはスタートされたとしてもできるだけ遅らせることだ。近年は盗塁を仕掛けられること自体を嫌がってけん制をしているケースが多いように見受けられるが、いくらけん制をしても盗塁のサインが出れば走者はスタートを切るもの。またけん制の数や時間が多くなるほど、走者は「次はもうけん制されないだろう」と思い切って判断しやすくなるため、結果的に盗塁のスタートが切りやすくなるという

こともある。さらに、けん制球を投げて走者に意識を向けた直後の投球というのは、打者への集中力が弱まって甘い球やボール球になりやすい。

守備側はそれを理解した上で無駄なけん制球は減らし、投手が走者と目線を合わせたり、ピッチドアウトで走者の反応を探ったり、投球後に捕手が送球をしたりといった駆け引きも含めて好走を封じていきたい。逆に攻撃側は相手に走者の存在をより意識させることができれば、チャンスを広げていきやすくなる。

76 守備側の戦術②ピッチドアウト

▶ 攻撃側に対して駆け引きを行う

　エンドランやスクイズ、頭脳的なトリックプレーなどの奇襲攻撃は、基本的には実力で下回る者が上位者に対して行うもの。したがって、守備側はそもそも奇襲を仕掛けられてもあまり嫌がる必要はない。近年は何度も頻繁に仕掛けられてしまうようなチームが多いが、それはバッテリーがあえてボール球で大きく外す「ピッチドアウト」（捕手がそのまま送球するピックオフプレーも含む）をまったくしないからだ。普段から1球でもピッチドアウトを見せておけば、攻撃側は「このバッテリーはいざというときに外してくることもある

んだよな」と考えるようになる。その結果、何も動かなくても心理的な駆け引きをすることになり、簡単に仕掛けられるということはなくなる。

　投球前に捕手が攻撃側ベンチの様子を見る光景はよくあるが、これはサインの内容を解読するよりもむしろ相手の指揮官と目線を合わせたり、ベンチの雰囲気を感じ取ったりするという意味合いが大きい。そうすることで「細かい部分までちゃんと見ているぞ」「何か仕掛けてきたらピッチドアウトをするぞ」というメッセージを相手に送り、駆け引きをしているのだ。

駆け引きについて

　近年は心理的に揺さぶっていく駆け引きの部分があまり重視されず、「打って走って点が入って勝った」「とにかく打者をアウトにすればいい」というように野球が単純化されている傾向にある。その結果、奇襲作戦への対応が後手に回っているケースは非常に多い。しかし、たとえば守備側がピッチ

ドアウトなどで探りを入れておくだけでも、相手の監督は盗塁やエンドランのサインを出しにくくなるもの。「相手に考えさせる」というのも野球の大切な要素なので、ぜひ考えてみてほしい。

77

守備側の戦術③バントシフト

▶ 相手の犠打失敗を目論んでチャージ

攻撃側が明らかにバントを選択してくると分かった場合、守備側はバントシフトを敷いていく。二塁手が一塁ベースカバー、遊撃手が二塁ベースカバーに入り、一塁手と三塁手がダッシュで前へ出ていって打者へプレッシャーをかける。なおかつ打球が転がった場合はすばやく処理して先の塁でのアウトを狙い、犠打を防ぐ確率を高めるわけだ。無死一塁で行うケースが多いが、遊撃手が三塁ベースカバーに入って無死二塁や無死一・二塁で仕掛けるケースもある。

野手がチャージをかけるタイミングとしては投球動作に合わせることが大事だが、全力でダッシュすることばかりを考えてしまうと、打者がバスターでヒッティングに切り替えてきたときには打球に対応できない。また特に無死一塁の場合は三遊間が広くなるため、三塁手はうかつに出すぎるとヒットゾーンを広げてしまうことにもなる（一塁手の場合は二塁手が一・二塁間を移動しているため、思い切って前へ出られる）。だからこそ、「チャージをかける」と決めた瞬間にガッと前へ出ていくスピードと、ヒッティングに切り替わった瞬間にパッと止まり、できれば少し下がれるほどの前後の動きに対する反応の良さが求められる。

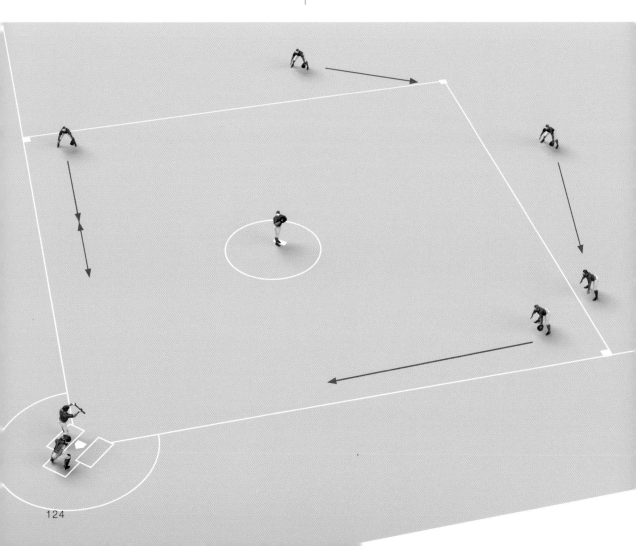

バントかバスターかを見極める基準

　打者がバントの構えからそのままバントをするのか、それともバスターをしてくるのかというのは、軸足の動きを基準にすると分かりやすい。あらかじめ上体を投手側に開いてバントの構えを見せていても、軸足が通常の位置にあるうちはまだヒッティングに切り替えることができる。しかし、いったん軸足を前に動かしてバントの構えを見せたら、もう後ろに下がることはできないのでバントをするしかない。普段から打者が打席の中で足場を固めているのも、打つときに軸足を踏ん張りたいから。軸足が「死に体」となっていれば、たとえ小手先でバスターをされても強く振ることはできないので、そのままチャージをかけていけば良い。

判断

守備側の戦術④内野の前進守備（基本）

▶ 勝負球をイメージして位置を調整する

　三塁に走者がいて守備側が「この1点は絶対に取られたくない」と考えている場合は、内野の前進守備を敷く。ただ、ひと口に「前進」と言っても極端に前へ出るのか、本塁送球を意識しながらも実際には1〜2歩ほど前に出る程度なのか。投手の特徴やその日の調子、打者の傾向、走者の走力などを踏まえて前後左右の微調整をする必要がある。守備位置の目安としては一・三塁手がベースよりも前に出て、二塁手と遊撃手は走路よりも前まで出てくるのが一般的だ。

　実際には配球も大きく関わるため、捕手が指示を出すのが良いだろう。捕手がイメージするのは、その投手の勝負球。よく勘違いされやすいのだが、「勝負球」というのは一番キレがある球という意味ではなく、「必ず空振りを取る球」か「必ず打たせる球」のこと。当然、投手にとっては最も扱いやすいはずであり、勝負球がコントロールミスになったときのことなどは想定しない。ポジショニングはあくまでも、打ち取れるということを前提として動かすものだ。

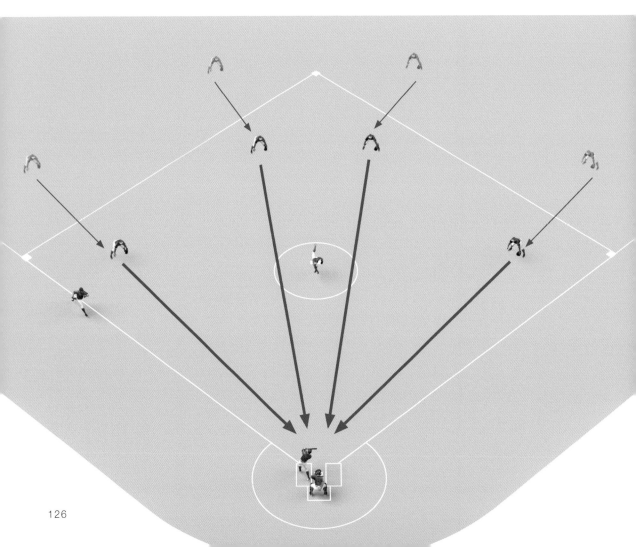

79 守備側の戦術⑤内野の前進守備（データ分析によるアレンジ）

▶ 打者の傾向に合わせながら前へ出る

　ポジショニングを考えるようになると、「この投手とこの打者が対戦してこの球を打ったら、この場所にこういう打球が飛びやすい」という統計が出てくる。そのデータをもとにしていくと、守備隊形はより磨かれていく。

　前進守備の場合で言うと、たとえば走者三塁で左打者を迎えたとする。ここで「この打者の引っ張った打球は強いから、二塁手はあまり前に出すぎないようにする。ただ逆方向の打球は弱いから、遊撃手を通常よりも前へ出そう」と判断することなどはよくある。そこに加えて、走者が足の速い

タイプであれば全体的にもっと前へ出る。さらに打球傾向も考え、真っすぐ前へ出ればいいのか、左斜め前へ出るのか、右斜め前へ出るのか、左右も調整。そして投手の勝負球が詰まりやすい球なのか、引っ掛けやすい球なのか。そのあたりも加味して、打球の強弱を判断していくと良い。そしてこのケースだと三塁手は遊撃手に合わせてやや前目に守り、一塁手は二塁手に合わせてやや後ろ目に守る。つまり、引っ張ったときと押っ付けたときの2パターンを想定して、左右にそれぞれどういう打球が行くのか、傾向を分けて守るわけだ。

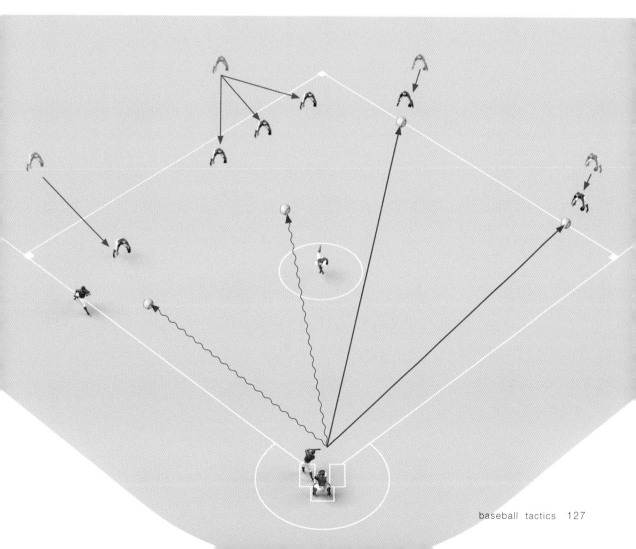

80 守備側の戦術⑥内野の中間守備（ゲッツー態勢）

▶ バランスよく連係できる距離感が大切

　無死または一死で走者一塁や走者一・二塁の場合、内野は二塁でのゲッツーを狙った守備隊形を取る。基準は通常のゴロが来たとき、確実に一塁走者を二塁で封殺できる位置はどこか。目安としては全員が数歩ほど前へ出て、なおかつ二塁手と遊撃手は二塁ベースに近づく。その動きに合わせて一塁手は一・二塁間、三塁手は三遊間にそれぞれ寄っておくのが一般的だろう。

　また、内野手はお互いの守備位置を見ながらバランスを取ることが大切。たとえばサードゴロを三塁手が捕って二塁へ送球しようとしたところ、思いのほか二塁手がベースから離れていたため、ベースカバーが遅れてセーフになってしまったり、

あるいは三塁手のリズムが狂って悪送球になってしまったというケースも少なくない。練習のうちから連係プレーでお互いの距離感とタイミングを把握することが不可欠だ。そして、打者の打球傾向を見て微調整もできるとなお良い。たとえば強く引っ張る右打者と対戦する場合、遊撃手は少しだけ三遊間に寄り、二塁手はそこに合わせてさらに二塁ベースへ近づく。この状態でセカンドゴロが転がってきたら当然、遊撃手の二塁ベースカバーが遅くなるため、ゲッツーは早々に諦めて一塁へ送球。そういった考え方の部分まであらかじめ確認しておこう。

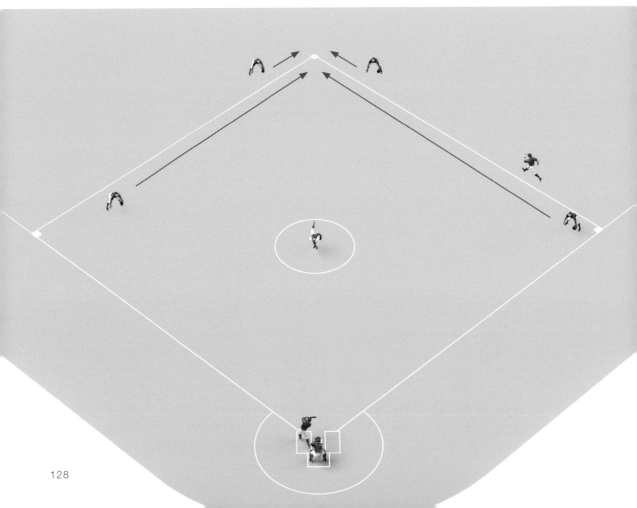

81 守備側の戦術⑦内野の中間守備（前進とゲッツーの中間）

▶ 本塁送球か二塁送球をすばやく判断

　無死または一死で走者一・三塁の場合、内野は本塁へ送球して失点を阻止するか、もしくは二塁でのゲッツーを狙うか、打球によって選択できる二段構えの守備隊形を取ることが多い。守備位置の目安としては、前進守備とゲッツー態勢の中間に位置するのが一般的。そして、その中でも試合展開などを踏まえて「やや三塁走者重視」なら前進守備寄り、「やや一塁走者重視」ならゲッツー態勢寄りになる。また前者のときに三塁走者の足が速い場合は、さらにもう少し前へ出る。一方、後者のときに打者や一塁走者の足が速い場合は、二塁手と遊撃手のどちらかが少し前へ出ておいて

ゲッツーを取りやすくするなど、状況に合わせた工夫も必要だ。
　この中間守備を行う場合は三塁走者の動きを見ながら打球にも集中し、どちらでアウトを狙うか、すばやく判断しなければならない。焦ってフィルダースチョイス（野選）になる可能性も考えられるので、普段から練習しておくことが重要。意識としてはまず本塁送球を狙い、三塁走者が走っていなければ二塁へ転送。「打者走者が一塁セーフでゲッツー崩れになるのは仕方ない」くらいの割り切りを持ったほうが良い。

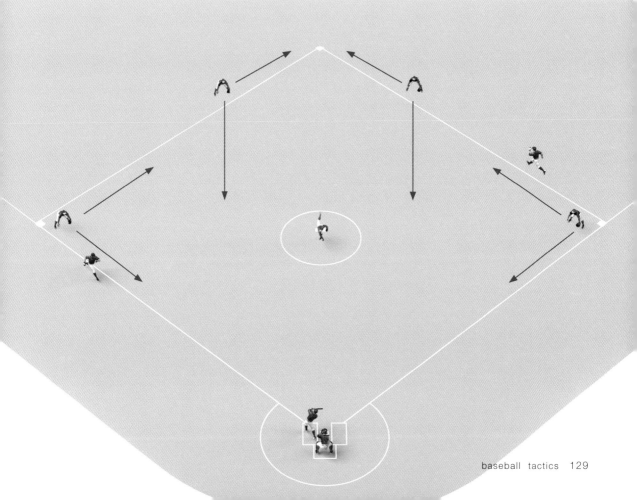

守備側の戦術⑧外野のバックホーム態勢

● 確実に本塁で刺せる位置まで前へ出る

ポジショニングというのはゴロが飛ぶ場所を前提に考えるもの。鋭いゴロでも間へ抜かれて外野フェンスまで到達しないように守るのであって、本塁ベースと内野手を結んだラインの延長線上に外野手が重なっているということはまずあり得な

い。外野手が処理するゴロは、内野手ではカバーできない打球。したがって、走者が二塁にいる状況で外野手がバックホームを意識する場合は、ゴロまたはライナー性のクリーンヒットをイメージして、左翼手なら三塁手と遊撃、中堅手なら二

■ ヒットからのバックホーム

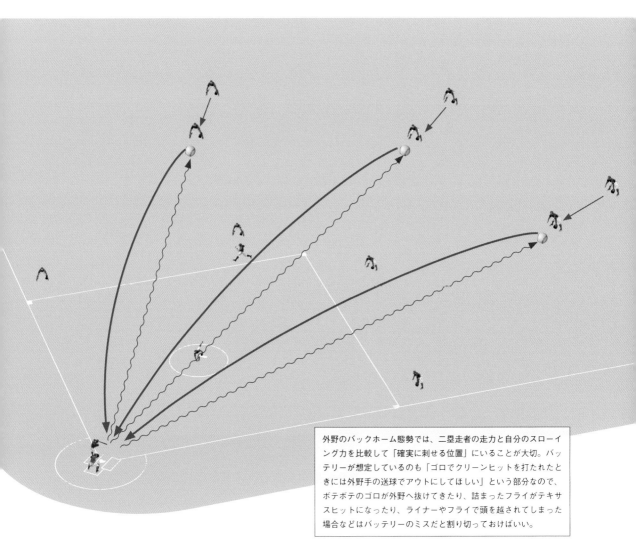

外野のバックホーム態勢では、二塁走者の走力と自分のスローイング力を比較して「確実に刺せる位置」にいることが大切。バッテリーが想定しているのも「ゴロでクリーンヒットを打たれたときには外野手の送球でアウトにしてほしい」という部分なので、ボテボテのゴロが外野へ抜けてきたり、詰まったフライがテキサスヒットになったり、ライナーやフライで頭を越されてしまった場合などはバッテリーのミスだと割り切っておけばいい。

塁手と遊撃手、右翼手なら一塁手と二塁手のちょうど中間に守るのが基本だ。そして二塁走者の走力と自分の肩の強さ、捕球後の持ち替えのスピード、スローイングの正確さなどを天秤にかけ、本塁で確実にアウトにできる位置まで前に出ておく。実際に打球を処理するときには前方へダッシュして勢いをつけることもできるので、一般的には定位置よりも少し前に出ておくというのが多いだろう。

　一方で三塁走者がいる場合は、タッチアップを意識した守備位置を取る。こちらはゴロと違って、チャージをかけながら勢いを存分に利用して投げ

るということができない。もちろん余裕があれば少し後ろから走り込んで捕球するのだが、助走の距離も短くてスピードもあまり出せないため、基本的には三塁走者の走力と自分の遠投力の勝負になる。したがって、ゴロによるクリーンヒットをイメージしているときよりも前に守るのが普通。それがいくら極端であっても、「ここまで行かないとアウトにできない」という位置にいることが大切だ。

■ タッチアップでのバックホーム

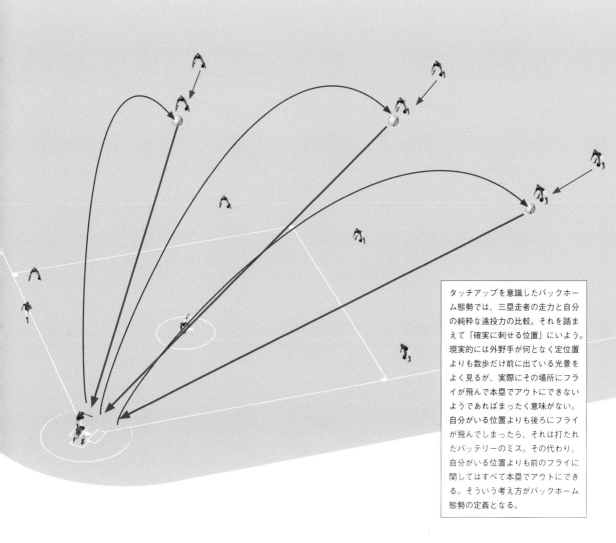

タッチアップを意識したバックホーム態勢では、三塁走者の走力と自分の純粋な遠投力の比較。それを踏まえて「確実に刺せる位置」にいよう。現実的には外野手が何となく定位置よりも数歩だけ前に出ている光景をよく見るが、実際にその場所にフライが飛んで本塁でアウトにできないようであればまったく意味がない。自分がいる位置よりも後ろにフライが飛んでしまったら、それは打たれたバッテリーのミス。その代わり、自分がいる位置よりも前のフライに関してはすべて本塁でアウトにできる。そういう考え方がバックホーム態勢の定義となる。

83 守備側の戦術⑨内外野を連動させたポジショニング

▶ エリア別に警戒する打球を考えて動く

　ポジショニングはパターンが無数に考えられるが、その中で全体のバランスを取るためのポイントは、どこに打球が飛びやすくてどこに打たれたら嫌なのかをハッキリさせること。それを踏まえ、いくつかのエリアで考え方を分けながら内外野を連動させていくと良いだろう。

　分かりやすい例を挙げると、三遊間や左中間へ強く引っ張る傾向の右打者がいたとする。内野では遊撃手と三塁手が三遊間を締める。外野では左翼手と中堅手がやや深めに守り、さらに中堅手は左中間に少し寄る。ただし三塁線はゴロで抜かれる可能性が高まっているので、左翼手はややライン際に寄りながら左右どちらの打球もイメージする。一方で「この打者はライトオーバーを打たない」という考えがあるとしたら、右翼手は定位置。二塁手は遊撃手の動きに合わせて二遊間に寄り、

センター方向に抜けそうな打球をケア。ただタイミングがずれたときには一塁線に飛ぶ可能性もあるため、一塁手はライン際に寄る。一・二塁間のスペースは大きく広がっているが、ここは「ヒットになってしまったら仕方ない」と割り切って右翼手が打球を処理する。そしてバッテリーは左方向に引っ掛けさせるように配球を組み立て、右中間には打球が飛ばないように攻めていく。

　こうやってエリア別に警戒する打球を考え、周りの動きに合わせてコミュニケーションを取りながら動けば、バランスが取れるわけだ。単純に凡打が多いところに守るだけでは、打たれたときのリスクが大きくなってしまう。平面ではなく空間で考え、どういう打球をイメージするのか、9人全員で認識を共通させていこう。

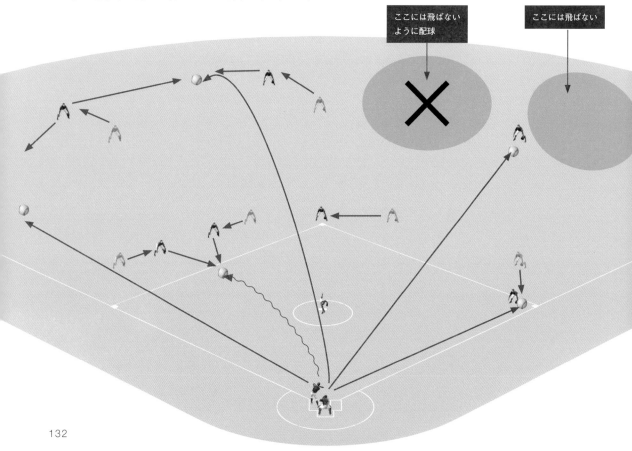

ここには飛ばないように配球

ここには飛ばない

84 試合運び①3イニングスずつ分けて考える

▶ 序盤・中盤・終盤の展開を考えてプラン修正

　野球というのは、最終的に9回裏が終了した時点で相手より1点でも多く上回っていればいいというスポーツ。したがって、目の前の結果はもちろん大切なのだが一喜一憂するのではなく、常に試合をトータルで考え、その後の展開も想定して冷静に進めていくことが重要だ。

　具体的にはまず9回を3イニングずつ、序盤（1～3回）・中盤（4～6回）・終盤（7～9回）と分けてプランを考えておこう。そして、それぞれの境目でその日の傾向などを踏まえながら、先の展開を考えてプランを修正していくのだ。また、終盤は試合が終了に近づいてお互いにプレッシャーが掛かっていくもの。守備側からすると、特に9回などは相手の中心打者とできれば対戦したくないので、バッテリー間で「ある程度は相手を抑えられる」という計算が立っている場合、7回あ

たりには9回の打順の巡り合わせを踏まえて「ここはヒットなら打たれてもいい」「ここは四球で歩かせてもいい」などと考えながら攻めていくと良い。

　さらに捕手は投手をリズムに乗せていくために、特に序盤などはボールを返す際のインターバルを上手く調整していきたい。投手はボールを持ったまま少し時間が経つと、マウンド上で余計なことを考えてしまうもの。だからこそ、まずはポンポンとテンポよく返すことで考える余裕をなくし、勢いを作っていくのだ。そして走者が出たら、今度は投手にいったん落ち着かせて余裕を持たせるために、捕手がひと呼吸置いてから返球。そうやって投手の心理状態をコントロールすることも大切な要素だ。

試合運び②後半に向けて配球を生かしていく

◉ 打者の反応を見ながら情報を次へつなげる

　守備側の戦略としては、後半の勝負どころで打者を抑える確率を高めるためにも、前半のうちに布石を打っておきたいところ。ただ、たとえば「内角をしっかり突いておいて外角への意識を薄れさせよう」というプランがあったとしても、エサを撒いている段階の内角球をガツンと打たれて勝敗を左右する失点につながった、などということになったら元も子もない。また配球においては「打者の裏をかく」という言葉があるが、打者の心理はその都度変わっていくもの。バッテリーが裏をかいたつもりでも、そもそも相手が実際には別のことを考えていたら「裏の裏＝表」になってしまう。

　だからこそ、基本的には「打者の裏をかく」ではなく「打者を崩す」という感覚で攻めるほうが得策。そして反応を見ながら各打者との勝負を積み重ね、次の打席ではそれまでの打席で得た情報を生かしていくというのが良いだろう。たとえば「前の打席までは直球にタイミングが合っていた」と感じているのであれば変化球を中心に組み立てたり、もしくは「この打席ではどうなんだろう」と様子見の直球でもう一度反応を探ってから判断したり。もし序盤にエサを撒くのであれば、「打たれたとしても試合の勝敗には影響しないから大丈夫」という余裕のある場面を選びたい。なお、打者によっては１〜２打席目で打てなくても３〜４打席目では調子を上げてきたり、前打席からきっちり修正してきたりするタイプもいる。それまでのデータだけで決めつけず、その都度、打者の反応を確認していくことが大切だ。

86 試合運び③ メリハリをつけて省エネで投げる

▶ 力の配分を考えて球数を減らす

現代では継投策も一般的になったが、先発投手というのはできるだけ長いイニングを投げられるほうが良い。戦力が豊富なチームでない限り、投手の2番手や3番手というのはやはり1番手よりも力が劣っているもの。大事な試合であるほど1番手を先発に送り込むことが多いわけで、継投のタイミングを早めれば早めるほど失点をしやすいということになる。

先発投手の大きな役割は5回以上まで試合を作ることであり、交代の時期を見極める目安は100球くらいだと言われている。ただ実際、常に緊張感を持った状態のまま全力で100球を投げ続けたら、消耗が激しくてもっと早い段階でスタミナは切れてしまうだろう。だからこそ、力の配分を考えて投球にメリハリをつけることが大事。相手打線を考えたとき、一番打者から九番打者までまったく気が抜けないというケースはなかなかない。であれば、警戒する打者に対しては最大限の集中力を使いつつ、他の打者に対してはやや楽な気持ちで臨みたい。基本的には上位（一〜四番あたり）、主軸（三〜六番あたり）、下位（六〜九番あたり）などと分けて強弱をつければ良いだろう。

そして傾向としては、前さばきが上手くて懐の深い打者には縦の変化、前さばきは今ひとつでもパンチ力のある打者に対しては横の変化を使っていくと効果的。さらに、あえて打者が待っていそうな球を若いカウントから選択し、早打ちを促すというのも良い。球数を減らした省エネ投球が、結果的に長いイニングを投げることにつながっていく。

試合運び④リードしているときの考え方

▶ ストライクゾーンを使ってどんどん勝負

3点差、5点差、7点差、10点差…。ある程度の点差をつけてリードしているとき、守備では基本的に「1〜2点なら取られても構わないからアウトカウントを進めたい」と考えるもの。したがって、配球面でも「状況重視」か「投手重視」でストライクゾーンを使ってどんどん勝負に行き、大量失点だけは避けるように守っていく。「打者重視」だと球数が増えて四球の可能性も高まり、走者が溜まってリズムが悪くなるリスクがあるわけだ。ストライクゾーンでどんどん勝負していくということは、打者がどんどん振ってくるということ。つまり、ヒットはいつもより増える可能性があるが、逆にゲッツーなどが増えることもあり、投手は心理的に楽な状態で投げられる。

ちなみに、日本の野球ではコールドゲームになるような点差がついていてもなお100％の力で攻撃を仕掛けることがあるが、国際的に見るとこれは相手を侮辱する行為だとされる。倒れて弱っている相手をなおも傷めつけている、という捉え方なのだ。アマチュア野球ではそういう点差からの大逆転劇も考えられるため、一概にダメだとは言えないが、リードしている側には「攻撃の手を緩めず力を誇示する」というよりも「正しく状況を整理して追いつかれないように守備をする」という感覚で試合を進めてもらいたい。

88 試合運び⑤ビハインドのときの考え方

▶ 1点を阻止するかリズムを重視するか

　相手にリードを許しているとき、守備側としてのポイントは2つ。「もう絶対に1点もやれない」と考えるか、それとも「どうせ負けているんだから、ここから1〜2点くらい取られても仕方ない」と考えるか。大学や社会人のレベルで言うと、味方の打撃力や相手の投手力を理解し、次に出てくる投手がどんなレベルかも分かる。その中で、味方打線が相手投手を確実に打ち崩せそうなのであれば、打線が攻略するまで粘るために前者の考え方を取る。逆にそれがあまり望めないのであれば、試合で勝つためにはどこかで何かをきっかけにして一気に大量点を取るしかない。この場合は3〜4点差が5〜6点差になろうと試合の流れにはあまり関係ないので、後者の考え方を取る。

　序盤で大量失点を喫したケースなどでは、監督が冷静な判断をできずに先発投手を長く引っ張りすぎてしまうこともよくある。この場合は捕手が交代を進言するか、それが難しいのであればあえて「打たれてもいいや」というつもりで配球を組み立て、抑えれば儲けもの、打たれても監督が投手交代を決断しやすくなる、と考えても良い。これも戦術の1つだ。

　また、特にトーナメントなどではチームの実力だけでなく勢いも勝敗を左右する。したがって「上り調子だから1点くらい取られても逆転できる」と思えば、守備はとにかくリズム重視。失点をしてもリズムよく守れていると、野手のストレスは少なく、高いモチベーションで攻撃に移れるのだ。逆に無失点にこだわりすぎて守備の時間が長引いた結果、士気が高まらずに攻撃も単調になるということもよくある。

89 試合運び⑥競っているときの考え方

▶ 捕手を中心にセンターラインが投手の状態を察知

投手の出来は野球の試合を大きく左右するものであり、一進一退の攻防などが続いてスコアが競っているときは、投手交代の采配ひとつで流れが傾きやすい。したがって、まずは捕手が投手に対して「まだ行けるぞ」と前向きなアドバイスをしていきながら、投手の状態を冷静に見極め、指導者と「実際のところはどうなんだ」という話をしなければならない。そして継投のタイミングが遅れないように、ブルペンには「もう少しで危ないからリリーフ投手を用意しておいてほしい」と伝えていく。さらに捕手と二塁手、遊撃手、中堅手のセンターラインが攻撃中のベンチ内などでコミュニケーションを取り、それぞれの視点で投手の状態がどう見えているかをパッと伝え合うことも大切。グラウンドでの合図も決めておき、捕手が「球威が落ちてきたから危ない」などと伝えた場合には、ポジショニングを少し深めに取っておくのも良い。

また、1点を争う勝負だと守備側にはどうしても緊張感が生まれるが、内野ゴロゲッツーなどを焦ってミスが出るケースも少なくない。ヒット性の打球が来たときに無理をして失策につながることもよくあるので、競っているときほど欲を出さず、「確実に1つアウトを取ればいいんだ」と心に余裕を持ってプレーすることが大事だ。

90 試合運び⑦攻撃の打順について

● 違うタイプの打者を３人並べる

　攻撃の打順というのは面白いもので、一番から九番まですべて同じようなタイプを並べると、常に同じようにイニングが終わっていく。これでは波がなく、相手バッテリーからするとものすごく楽。だからこそ、いかに組み合わせていろいろな攻撃パターンを作れるかが重要となる。

　考え方としては打線を一〜三番、四〜六番、七〜九番の３つのゾーンに分け、それぞれの中で違うタイプの打者を３人並べていくと良い。ヒットを打てる打者を３人ズラリと並べても計算上は満塁で終わり、意外と点が入りにくいもの。ところが、四球なども含めて出塁率の高い打者が一番、小技なども器用にこなしてしっかりつなげる打者が二番、ミート力があって調子の良い打者が三番などと並べてみると、上手くハマって点が取れたりするのだ。

　この考え方の延長で言うと、９人の中に好調な打者、あるいは信用のおける打者が３人いれば打線はバランスが取れる。その３人をどこに配置するかはチーム方針によるもの。一般的には一・三・五番、二・四・六番、三・五・七番などと１つ置きで考える人が多いが、常に走者を背負っていると守備側はストレスを感じるため、好打者をもっと広く散らしたいという考え方もあれば、打席の機会が多くなる上位打線を重視して好打者を上位に固めたいという考え方もある。いずれにしても、どういう組み合わせにすれば上手く循環していくのか、練習試合などで試してみよう。

91 試合運び⑧先攻と後攻の考え方

▶ 試合が始まってしまえば有利も不利もない

先攻と後攻では「後攻が有利」と思われがちだが、実際に有利・不利があるわけではない。後攻を選ぶチームが多いのは、1回表に守備から入ればリズムが作りやすく、相手の出方を見てから試合が始まるので精神的に楽だということ。また同点で9回裏や延長戦に入れば、相手にサヨナラ負けのプレッシャーを与えられるという部分が大きいだろう。とは言え、試合が始まってしまえば攻撃と守備が交互に続くだけ。決して先攻だから不利というわけではない。

後攻のチームは先述のような精神的優位を感じて戦えばいいが、では先攻のチームはどう考えればいいかと言うと、まずは先手必勝で攻撃を仕掛けること。そして「点が入ったかどうかで一喜一

憂していたらいつの間にか相手に形成を逆転されてしまう」ということだけ肝に銘じ、頭の中を切り替えて守備に集中していけばいい。気持ちの波を作らないようにするというのは、特に投手にとっては大事なこと。試合をトータルで考え、勝利を決めたところでようやくガッツポーズをしながらも目線はすでに次の試合に向いている、というくらい淡々と投げられる投手は安定している。なお、野手の場合はタイムリーを放ったことで気持ちが乗って良い守備につながったり、守備のリズムが良くなったことが思い切った攻撃につながることもある。したがって波を少し抑えながらも、自分で気持ちを高めてリズムを作っていくことが大事だ。

92 試合運び⑨タイブレークについて

**▶ 普段からケースを想定して
攻撃の得意パターンを持っておく**

　近年のアマチュア野球では延長戦でタイブレーク制（あらかじめ走者がいる状態からスタートして得点が入りやすくするシステム）を採用するケースが多くなったが、その戦い方の基本などはまだまだ明確になっていない。だからこそ、勢いのなかったチームがいきなり得点して息を吹き返したり、逆に順調に試合を進めてきたチームがタイブレークで沈んだりと、それまでの試合展開がまるで影響しないことも多々ある。タイブレークに入っても試合のムードを変えずに勝利をつかむために、考え方はしっかり持っておく必要があるだろう。

　タイブレークは無死一・二塁や一死満塁からスタートするケースが多いが、投手は「自分が作ったピンチじゃない」と考えて意外と開き直れるも

の。したがって、攻撃側に勢いがないと抑えられてしまうケースも多い。先攻の場合は無得点に終わると大ピンチが待っているため、理想は大量得点だが、無理やりにでも最低1点は取ること。無死一・二塁（もしくは一死満塁）における最も得意なパターンを使いたい。一方の後攻は、その回の失点によって戦い方が変わってくる。無失点に切り抜けた場合は自由に攻撃できるが、失点した場合は最低でも同点に追いつき、できれば逆転できるように次打者へつないでいかなければならない。ヒッティングだけでは当然、チーム打率と同じ確率でしか点が取れないわけで、バントや進塁打などの技術も求められる。普段から点差を意識した攻撃パターンを練習しておくことが大切だ。

93

試合運び⑩控え選手の起用

▶ 実戦の経験を積ませて
試合で機能できるようにしておく

　チームというのは生き物であり、常にレギュラー固定で戦えるとは限らない。まして大学野球のカテゴリーまでは毎年、選手が学年ごとにごっそり入れ替わっていくわけで、後進の育成も含めて控え選手をしっかりと育てていくこともチームを率いる指導者の仕事だ。

　たとえばレギュラーの誰かがケガをした際、控え選手がいきなり出ていってもその役割を果たすことはできない。だからこそ、普段からさまざまな試合で展開を見ながら控え選手を起用し、実戦経験を積ませておくことが大事。また公式戦などでもよく「そのまま行けば勝てる試合なのになぜこの選手を出すんだ」「なぜこのタイミングで代えてしまうんだ」という采配が見られるが、これ

も公式戦の緊張感を経験させて成長を促すための策だったりする。もちろん、チームにとって最大の目標としている大会はベストメンバーで戦うものだろうが、それ以外であれば、年間を通した育成の戦略としていろいろな選手を抜擢していくことも大切だ。

　ただし、とにかく全員にチャンスを与えればいいというものでもなく、基準はやはり試合に出て機能することが期待できる選手かどうか。そもそもレギュラーも、パッと試合に出たときにそのチャンスを生かしてきたからこそ、チーム内での信頼を得てずっと使われ続けているわけで、経験だけでなく実績も重要なのだ。

94 練習での意識

● フリー打撃などで打者を見る目を養う

本書では「投手対打者」における勝負から試合展開の考え方までを説明してきたが、最後に伝えておきたいのは、普段から何かを感じ取る力を磨いてほしいということ。たとえば練習でも投手の特徴や打者の特徴を見たり、今はどういう状況なのかと具体的に想定した上でプレーすることで、試合でも「あの練習のときのこういう状況に似ているな」という感覚が芽生え、自分の引き出しとなっていく。

ぜひオススメしたいのは、フリー打撃の時間を上手く利用することだ。捕手なら打撃捕手を務め、内野手や外野手なら守備に就くことで、打者を見る目を養うことができる。もともと自分のチームの主砲がどんなタイプかというのは頭に入っているはずで、速い球や遅い球、またそれぞれのコースに対するスイングの仕方やタイミングなどを見ていれば、「こういうタイプの打者はこういう球が来たときにこうなるんだな」という基準を作ることができる。逆にこれが分からないようでは、初めて見る打者の特徴を把握することなどできない。投げているのが打撃投手だったとしても、すべての投球に対して必ず変化があり、その打者の特徴は表れる。そこを読み取れるように習慣づけておくと、野球の質が1ランク上がっていく。

高見泰範　たかみ・やすのり

1964年生まれ。羽鳥北高－愛知工業大－東芝。捕手として愛知大学リーグでベストナイン２度獲得。85年のドラフト会議で阪急から5位指名を受けるが東芝へ。88年の都市対抗では橋戸賞を受賞。89年のアジア選手権、インターコンチネンタルカップで日本代表として活躍。92年バルセロナ五輪では主将として全試合に先発出場し、銅メダル獲得に貢献した。93年からコーチ兼任となり98年より東芝のコーチ専任。2001年から06年までは監督を務めた。全日本アマチュア野球連盟技術情報部特別委員。

デザイン・図版制作／黄川田洋志、井上菜奈美、石黒悠紀（有限会社ライトハウス）、藤本麻衣
編　集／中里浩章
　　　　佐久間一彦（有限会社ライトハウス）

マルチアングル戦術図解
野球の戦い方
正しいセオリーを理解して「投手対打者」を制する

2020年12月4日　第1版第1刷発行

著　　者／高見泰範
発 行 人／池田哲雄
発 行 所／株式会社ベースボール・マガジン社
　　　　　〒103-8482
　　　　　東京都中央区日本橋浜町2-61-9　TIE 浜町ビル
　　　　　電話　　03-5643-3930（販売部）
　　　　　　　　　03-5643-3885（出版部）
　　　　　振替口座　00180-6-46620
　　　　　http://www.bbm-japan.com/

印刷・製本／広研印刷株式会社
©Yasunori Takami 2020
Printed in Japan
ISBN978-4-583-11159-9　C2075